LA FRANCE

par les rédacteurs des Éditions Time-Life

EDITIONS TIME-LIFE · AMSTERDAM

ÉDITIONS TIME-LIFE

DIRECTRICE DES PUBLICATIONS POUR L'EUROPE: Kit van Tulleken
Responsable de la conception artistique : Ed Skyner
Responsable du service photographique : Pamela Marke
Responsable de la documentation : Vanessa Kramer
Responsable de la correction du texte : Ilse Gray

PEUPLES ET NATIONS

Équipe rédactionnelle pour *La France*
Rédacteur en chef : Tony Allan
Documentalistes : Susie Dawson (responsable) ;
Christine Hinze
Maquettiste : Mary Staples
Correction du texte : Sally Rowland
Coordination de l'iconographie : Peggy Tout
Assistante de rédaction : Molly Oates

SERVICE DE FABRICATION DE LA COLLECTION
Responsable : Ellen Brush
Coordination : Stephanie Lee, Jane Lillicrap
Rédaction : Theresa John, Debra Lelliott, Sylvia Osborne
Une importante contribution à la préparation de cet
ouvrage a été apportée par Maria Vincenza Aloisi et
Joséphine du Brusle (Paris).

Correspondants : Elisabeth Kraemer (Bonn) ; Margot
Hapgood, Dorothy Bacon (Londres) ; Miriam Hsia, Lucy
T. Voulgaris (New York) ; Maria Vincenza Aloisi,
Joséphine du Brusle (Paris) ; Ann Natanson (Rome).

ÉDITION FRANÇAISE
Direction : Monique Poublan, Michèle Le Baube
Secrétariat de rédaction : François Lévy, Anna Skowronsky
Traduit de l'anglais par : Frédéric Illouz

Titre original: *France*

© 1984 Time-Life Books B.V.
Ottho Heldringstraat 5, 1066 AZ Amsterdam.
All rights reserved. First French printing.

ISBN 2-7344-0275-0

TIME-LIFE is a trademark of Time Incorporated U.S.A.

LES CONSEILLERS : John Ardagh a réalisé
deux études approfondies sur la France moderne,
The New France et *France in the 1980s.* Journaliste
indépendant et collaborateur à la radio, il travaille
régulièrement pour la BBC, pour le *Times* de
Londres et pour le magazine *Le Point.*

Douglas Johnson est professeur d'histoire
française à l'*University College* de Londres et a
publié de nombreux livres sur la France.

Édition française : chapitre historique,
Philippe Masson, agrégé de l'Université, docteur
ès lettres, est professeur à l'École de guerre navale
et chef des recherches historiques au service
historique de la Marine. Il est auteur de
nombreuses études sur l'histoire maritime et
contemporaine. Le *Dictionnaire de la Seconde Guerre
mondiale* (deux volumes) a été publié en 1979-1980
aux Éditions Larousse sous sa direction.

Contributions spéciales : Les différents chapitres ont été
rédigés par : John Ardagh, Frederic V. Grunfeld, Stephen
Hugh-Jones, Alan Lothian et Russell Miller.

Couverture : Écrasée par les dimensions monumentales
de la façade XVIIᵉ du château de Cheverny, dans le
Loir-et-Cher, cette petite Citroën garée dans la cour
semble minuscule.

Pages 1 et 2 : Le faisceau reproduit sur la page 1 est
depuis la Révolution de 1789 l'emblème de la République
française. Dans la Rome antique, les licteurs portaient
des verges ainsi assemblées, symbole d'autorité. Le
drapeau tricolore figure sur la page suivante.

Pages de garde : Sur la page de garde de début, on a
reproduit une carte physique de la France ; sur la page
de garde de fin, une carte politique.

Ce volume fait partie d'une collection consacrée aux pays
du monde et décrivant leur géographie, leurs populations,
leur histoire, leur économie et leur gouvernement.

TABLE DES MATIÈRES

LA PRODUCTION AUTOMOBILE

L'industrie automobile est l'un des grands titres de gloire français de l'après-guerre. La courbe ascendante de la production depuis 1945, comparée sur le diagramme ci-contre à celle des principaux constructeurs, est le reflet de l'état de l'économie nationale, tant dans son exubérance que dans ses régressions temporaires, ces dernières étant la conséquence des deux chocs pétroliers de 1973 et 1979. Mais la tendance générale est à la croissance, en dépit du mouvement de récession amorcé vers 1980, et les niveaux de production restent bien supérieurs à ce qu'ils étaient il y a 20 ans.

FRANCE   ITALIE
R.F.A.   G.B.

1945 1950 1960 1970 1980

PRODUCTION AUTOMOBILE (en millions)

Une Dyane Citroën lancée sur une route bordée d'arbres traverse le vignoble de Sancerre. En 1979, les ménages français consacraient en moyenne près du

6

tiers de leur budget à leur voiture dans laquelle ils effectuaient 80 % de leurs déplacements.

LA CONSOMMATION NATIONALE D'ÉNERGIE

La pauvreté de ses ressources en gaz naturel et l'épuisement de ses mines de charbon ont rendu de tout temps la France tributaire d'autrui pour faire face à l'accroissement de ses besoins énergétiques, en dépit des efforts du gouvernement depuis la crise du pétrole pour freiner la consommation du pays.

Pour pallier la carence en ressources naturelles, les efforts se sont concentrés sur le développement de la puissance nucléaire et hydro-électrique de la nation. Depuis la Deuxième Guerre mondiale plus de trente barrages ont été construits et la contribution des centrales nucléaires, qui s'élevait à 7 % de la consommation totale d'énergie en 1950, devrait être portée à 30 % à la fin du millénaire.

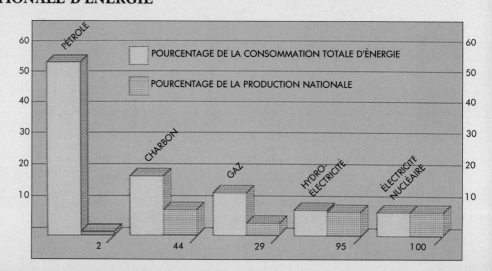

POURCENTAGE DE LA CONSOMMATION TOTALE D'ÉNERGIE

POURCENTAGE DE LA PRODUCTION NATIONALE

PÉTROLE 2 — CHARBON 44 — GAZ 29 — HYDRO-ÉLECTRICITÉ 95 — ÉLECTRICITÉ NUCLÉAIRE 100

A Bugey, non loin de Lyon, les installations d'un réacteur à eau pressurisée se profilent dans la fumée. Outre sa contribution à la production nationale d'énergie, sa

8

maîtrise technique du domaine nucléaire permet à la France d'exporter son expérience.

UNE MAJORITÉ DE CATHOLIQUES

La religion catholique, qui se réclame de 86 % de fidèles parmi la population, est de loin la confession dominante en France. Pourtant, l'Église romaine connaît un certain déclin depuis la guerre. L'assistance aux offices religieux a beaucoup diminué et des statistiques établies en 1979 ont révélé que seuls 14 % des catholiques assistent régulièrement à la messe. L'Église connaît également une certaine carence de vocations sacerdotales : en effet, depuis 1980, elle n'enregistre que cent ordinations annuelles, contre un millier il y a encore une vingtaine d'années.

On constate cependant un regain de vigueur au sein de la minorité des fidèles qui demeurent pratiquants. Certains prêtres d'avant-garde ont été amenés à prendre de nouveaux engagements à l'égard des problèmes de la vie moderne et ils promeuvent activement de nouvelles formes cultuelles au cours de rencontres communautaires et de cérémonies plus simples.

Les protestants, qui représentent seulement 1,5 % de la population, ne sont plus en conflit avec les catholiques. La France compte en outre près de 2 millions de musulmans — éventuellement maghrébins —, et quelque 650 000 israélites.

Aux abords de la basilique de Lourdes, l'un des plus grands centres de pèlerinage de France, un préposé recueille des cierges géants, symboles de la piété

des fidèles. Près de 3 millions de pèlerins, de malades et de touristes vont à Lourdes chaque année.

LE MÉCÉNAT DE L'ÉTAT

La culture en France fut de tout temps intégrée au prestige national comme un élément de la qualité de la vie, et à ce titre elle est fortement encouragée par les pouvoirs publics. En 1982, le président Mitterrand lui a apporté une aide substantielle en accordant 1 % du budget de l'État au ministère de la Culture, doublant ainsi la contribution nationale à l'encouragement des lettres et des arts. S'ajoutent à cela les participations régionales et locales aux activités culturelles du pays.

Quinze villes de province ont été dotées de « maisons de la culture », où l'on donne concerts, représentations théâtrales, conférences et expositions. Paris a bénéficié dans les années 1970 de la création du Centre Pompidou et, plus récemment, il est le théâtre de vastes travaux d'extension du musée du Louvre.

Plaqué de toute une série de canalisations d'air conditionné bleues et de tuyaux verts dissimulant le réseau électrique, le Centre Pompidou, ouvert a

public en 1977, s'est révélé un franc succès et reçoit plus de visiteurs que la tour Eiffel et le Louvre réunis.

LE PAYS DE LA DIVE BOUTEILLE

Les Français sont les plus grands buveurs de vin du monde ; le pays vient au second rang de la production vinicole mondiale, juste après l'Italie. A eux seuls, ces deux pays fournissent près de la moitié du vin consommé dans le monde. Pourtant, la contribution de la France sur le marché extérieur a diminué, à cause de la production croissante de relatifs nouveaux venus — l'U.R.S.S., les U.S.A. et l'Afrique du Sud. Pourtant, une tradition de qualité étroitement surveillée par l'État et une politique de subventions énergique pour améliorer les cépages et les procédés de vinification semblent garantir l'avenir du vin français.

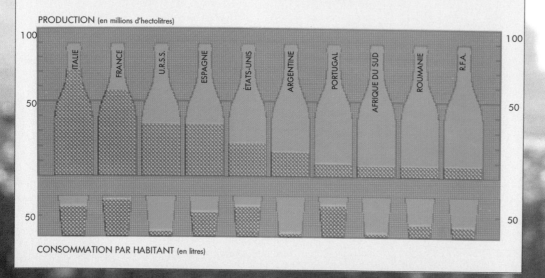

PRODUCTION (en millions d'hectolitres)

CONSOMMATION PAR HABITANT (en litres)

Les vendanges d'un vignoble de chardonnay, à Cumières, près d'Épernay en Champagne. Le vignoble français couvre plus de un million d'hectares, plus

particulièrement concentrés dans la région du Languedoc-Roussillon où la récolte fournit l'essentiel du vin de table de la nation.

UN REGAIN D'ACTIVITÉS SPORTIVES

La réduction des horaires de travail jointe à la croissance démographique a élargi le champ des activités de loisir, entre autres la participation sportive. En 1980, 6 millions de Français étaient affiliés à un club — trois fois plus qu'en 1967. Le nombre des courts de tennis a triplé au cours de la même période et les joueurs de football sont au nombre de 1 500 000. L'équitation a connu un essor phénoménal, et les pentes neigeuses attirent à présent chaque année plus de 4 millions de skieurs.

Au bord de la mer, les sports fleurissent également. Le nombre des vacanciers a doublé sur les plages depuis 1958 et celui des bateaux de plaisance est passé dans le même temps de 20 000 à un demi-million.

L'État a joué une part active dans la démocratisation des loisirs. Un effort concerté sur le plan national et local a entraîné la création de nombreux complexes sportifs dans les villes, qui sont presque toutes dotées à présent de piscines publiques. Un effort a aussi été fourni pour permettre aux enfants de familles pauvres de bénéficier de vacances à la campagne, à la montagne ou au bord de la mer.

A Autrans, station de sports d'hiver dans la vallée de l'Isère, plus de 10 000 concurrents se sont inscrits pour un marathon à ski. Sport autrefois inabordable, la

pratique du ski est devenue très répandue, et la Fédération nationale a délivré plus d'un demi-million de licences.

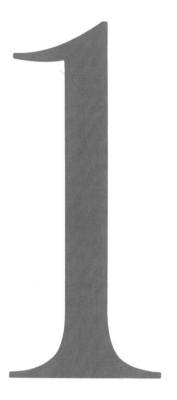

UNE NATION DYNAMIQUE

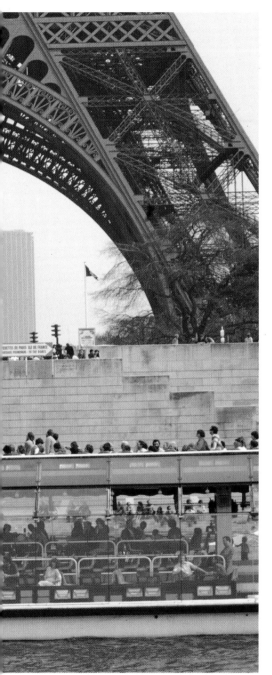

Massés sur le pont d'Iéna, ces estivants admirent un bateau-mouche parisien chargé de touristes. A l'arrière-plan se dessine la tour Eiffel, édifice qui domine la ville de ses 320 m et encadre, sur la photo, la tour Montparnasse (210 mètres), seconde pour la hauteur.

«Heureux comme Dieu en France»: ce vieux dicton allemand traduit moins une quelconque jalousie qu'une admiration réelle et la conviction que nulle autre contrée d'Europe n'a été aussi généreusement dotée par la nature. Comparée à ses voisins, la France est un grand pays, couvrant plus de 500 000 kilomètres carrés, soit une superficie supérieure à celle du Royaume-Uni et de l'Allemagne fédérale réunis. En outre, sa situation au cœur de la zone tempérée, entre l'Atlantique et la Méditerranée, lui confère une grande variété de climats où l'on retrouve tous les types d'agriculture européens. En raison de la configuration générale à six côtés du pays, «l'hexagone», comme aiment à le dire les Français, est une sorte de continent en miniature. Frais et océanique à l'ouest, arrosé de grands fleuves à l'intérieur des terres, où alternent les montagnes et les plaines, il bénéficie au sud de la luxuriance des latitudes méditerranéennes.

Sa population n'y est pas non plus à l'étroit. Avec environ 100 habitants au kilomètre carré, la densité démographique est inférieure à celle des autres pays européens, excepté la Grèce et l'Eire; les Français présentent d'ailleurs une diversité d'aspects, de coutumes et de caractères presque aussi grande que celle de leurs terroirs. Pourtant, malgré la distance géographique et la divergence des modes de vie qui séparent un fermier normand d'un viticulteur provençal, un pêcheur breton d'un mineur lorrain, ou un instituteur gascon d'un homme d'affaires parisien, tous éprouvent le sentiment profond d'appartenir à la même patrie et de partager la même culture — ce qui, depuis le Moyen Age, a fasciné le monde, à commencer par les intéressés eux-mêmes. En effet, rien n'intrigue plus les Français que la nature de l'identité nationale.

La «France éternelle», comme on dit souvent, offre un mélange enivrant de concret et d'abstrait, de réel et d'imaginaire: ses terres grasses, nourries de la sueur et du sang des générations qui les ont travaillées; ses austères villages de paysans et ses calmes villes de province; la devise: liberté, égalité, fraternité; les paisibles habitués d'un café de campagne; les raisins mûrissant au flanc des verdoyants coteaux ensoleillés; le goût de l'ordre et l'esprit frondeur; l'effervescence incessante de Paris; les monuments aux morts couverts de noms dans un obscur village de montagne; c'est tout cela la France — et mille autres choses encore.

La liste n'est pas limitative, parce que les mots de «France éternelle» ne signifient pas que le pays vit dans l'immobilisme, bien au contraire. Bon nombre d'images du modernisme peuvent aisément figurer au tableau. Il suffit d'évoquer l'autoroute du Soleil — ponctuée de prévenants panneaux indicateurs des sites historiques — et son interminable flot de Renault et de Citroën au mois d'août roulant vers le Midi — symbole de la nouvelle prospérité française; la production d'armement sophistiqué qui a fait de la France l'un des plus grands exportateurs mondiaux de matériel de guerre; le train à grande vitesse (**TGV**) reliant Paris et Lyon à 260

1

kilomètres/heure ; ces réalités sont sans doute moins évocatrices que le drapeau bleu blanc rouge flottant sur la hampe de chaque mairie de village les jours de fête nationale, mais elles n'en sont pas moins bien françaises.

Depuis la Deuxième Guerre mondiale, la France a changé au même titre que n'importe quel pays occidental et bien plus que nombre d'entre eux. Dans les années 1930, l'économie était moribonde ; la population, ponctionnée par les 1 400 000 morts de la Grande Guerre, était insuffisante ; la nation assombrie versait dans le défaitisme. Paradoxalement, l'invasion de 1940 et le traumatisme des années d'occupation réveillèrent les ambitions. Avec une belle

détermination, la France se propulsa hors du marasme pour devenir un pays prospère, doté d'une technologie de pointe. On a généralement recours à l'expression «miracle économique» pour désigner le redressement de l'Allemagne après la guerre ; or, au cours des années 1950 et 1960, le taux de croissance économique que l'on put observer en France fut nettement supérieur à celui de sa voisine.

Les effets d'un développement si longtemps soutenu se sont révélés spectaculaires. En 1945, plus de un tiers de la main-d'œuvre française travaillait encore la terre ; en 1980, cette proportion était tombée à 8 p. cent, malgré une augmentation régulière de la production agricole. Il

en résulta la création de villes nouvelles et le développement généralisé des anciennes agglomérations, sans que la seule demande de logement des paysans émigrant de leurs campagnes, poussés par le désir de profiter de la prospérité ambiante, suffise à l'expliquer. La population, stagnante, voire déclinante durant les premières décennies du siècle, s'est accrue sans interruption depuis 1946 — remontée due à la fois à une généreuse politique gouvernementale d'allocations familiales et aux changements des mentalités, l'ancestrale méfiance paysanne ayant fait place, depuis la guerre, à un optimisme vigoureux. Le taux d'accroissement connut son apogée dans les années qui suivirent la Libération, mais

la France continue, aujourd'hui encore, de connaître une poussée démographique plus vive que dans la plupart des pays de la Communauté européenne. Cet état de fait a stimulé le développement de l'urbanisme que des nations telles que le Royaume-Uni, l'Allemagne et les États-Unis avaient déjà réalisé un siècle auparavant.

Les changements n'ont été nulle part aussi perceptibles que dans la capitale. Paris a toujours été le centre de la France, non pas géographique — il se situe assez au nord —, mais sur tous les autres plans. Il constitue le cœur des réseaux routier, ferroviaire et fluvial, abrite le siège du gouvernement et s'impose au monde comme la vitrine la plus prestigieuse de la France. Il existe en réalité deux Paris. L'historique ville de Paris est elle-même ceinte d'un anneau de villes-dortoirs et de faubourgs industriels dont les origines remontent à la fin du siècle dernier, c'est-à-dire à la dernière en date des grandes phases d'expansion économique du pays. Ils se caractérisent par une surabondance de constructions à bon marché destinées à loger à moindres frais le plus grand nombre possible d'ouvriers. Loin de la vue comme des préoccupations du «vrai» Paris, la banlieue devint une sorte de déversoir pour tout ce que la capitale proprement dite ne pouvait ou ne voulait absorber : usines et gazomètres, cimetières et dépôts de ferraille et, naturellement, une population laborieuse beaucoup plus considérable que celle qui vit *intra muros*.

Alarmés par le taux de croissance dans les années 1950 — le nombre des banlieusards augmentait alors de 130 000 personnes par an —, les pouvoirs publics commencèrent à s'occuper activement de planification urbaine. Plusieurs villes nouvelles — comme Saint-Quentin en Yvelines, Cergy-Pontoise, Evry, Marne-la-Vallée, Melun-Sénart et Le Vaudreuil —, capables de résorber le gros de cette

progression pendant les décennies à venir, furent créées et l'excellente situation économique des années 1960 permit de débloquer suffisamment de fonds pour les doter d'équipements modernes et de qualité dont elles ont tout lieu de s'enorgueillir : hôpitaux, bibliothèques, ensembles sportifs et, surtout, un système de transports comprenant notamment le réseau express régional (RER), «super métro» qui dessert les banlieues et n'a rien à envier à ce que le monde le plus moderne peut offrir de mieux dans ce domaine.

Les problèmes de Paris même n'étaient pas moins urgents. Malgré une baisse sensible de sa population depuis la guerre, la ville souffrait de saturation ; ses rues étroites étaient désespérément engorgées par les véhicules, et le manque de surfaces de bureaux allait à l'encontre de son ambition

de devenir une grande capitale d'affaires européenne. Mais eu égard à la beauté de son patrimoine architectural, il était hors de question de se lancer dans un programme trop draconien de démolition et de reconstruction.

Au cours des années 1960 et 1970, une ardente controverse opposa les conservateurs, inquiets des conséquences destructrices de tout changement important, aux reconstructeurs, partisans de mesures immédiates en dehors desquelles, selon eux, Paris deviendrait invivable. Il en résulta un compromis qui ne satisfit ni l'une ni l'autre tendance : Paris reste une ville surpeuplée et sujette aux embouteillages, mais ses célèbres perspectives sont désormais mâtinées de gratte-ciel. Toutefois, elle respire mieux qu'auparavant et a moins pâti de ses réaménagements que la plupart des capitales européennes. Parmi les principaux changements qu'elle a subis, on peut citer la construction de l'autoroute circulaire de dégagement, le périphérique, inaugurée en 1970, qui tient à l'écart du centre de la ville les véhicules de passage, et le transfert des Halles à Rungis, par où transite un cinquième de la production alimentaire française.

Mais le plus grand symbole du renouveau parisien est sans doute le Centre culturel Georges Pompidou. Cet énorme parallélépipède aux couleurs vives d'aspect industriel provoqua un tollé dès que la maquette en fut rendue publique. Lors de son ouverture en 1977, on l'a couramment comparé à une raffinerie de pétrole à cause de l'enchevêtrement de tuyaux et de conduits de ventilation et de chauffage que ses architectes, prenant un parti résolument moderniste, ont exhibé à l'extérieur de l'édifice. Le Centre compte encore des ennemis, mais ses activités florissantes en ont fait un pôle d'attraction pour les jeunes que sollicitent autant le spectacle de rue permanent, sur le vaste périmètre pavé qui

1

s'étend à ses pieds, que la bibliothèque, les expositions, les musées et la salle de concert contenus dans cet édifice bizarre, débordant de vie. Tous ces changements ont peut-être fait perdre à la France une part de son charme et beaucoup de sa tranquillité — mais en aucun cas la stagnation ne la menace.

Néanmoins, Paris n'est pas la France à lui seul, pour nombreux que soient les Parisiens qui se plaisent à le penser. La capitale — que ce soit le Paris de la Cinquième République, celui de Napoléon, de la Révolution ou de l'Ancien Régime — s'est toujours considérée comme la tête pensante, le *fons et origo* d'un État monolithique et homogène. Or les provinces voient les choses de manière fort différente; il n'est que d'en faire le tour pour prendre le pouls de la nation tout entière.

Au nord, par exemple, habite un peuple de buveurs de bière, pratiquant la culture intensive dans les plaines argileuses de la Flandre, travaillant dans les mines de charbon ou dans l'industrie lourde de l'agglomération lilloise. La terre, l'industrie, l'architecture et les hommes sont comparables à ceux que l'on trouve en Belgique, dont le territoire englobe l'autre partie de la Flandre. Cette région a été appelée « le champ de bataille de l'Europe », à cause des nombreuses guerres qui l'ont ensanglantée pendant des siècles. Sur la carte, on s'aperçoit que le tracé de la frontière, sanctionné par l'Histoire, ne doit rien à une délimitation naturelle. Il sert tout juste à rappeler que la France, comme le dit l'écrivain Sanche de Gramont, n'est que « l'un des multiples arrangements possibles de l'Europe occidentale ».

La région, au temps fuligineux où l'on exploitait ses riches gisements de charbon, occupa une place de première importance dans le processus d'industrialisation du pays. Mais l'épuisement des mines et le déclin de la demande d'acier et de fer que produisaient les industries lourdes implantées autour des puits lui ont porté un coup sévère et le chômage y sévit depuis lors. Le Nord demeure le premier producteur français de textiles; on y fabrique des lainages, on y tisse le lin cultivé localement et on y foule le jute et le coton qui arrivent par les ports affairés de Dunkerque et de Calais — mais l'industrie du textile, elle aussi, est en récession.

Plus au sud s'étendent la Picardie et la Champagne, deux régions fortement agricoles. Dans la première, les champs de blé alternent avec les plantations de betteraves à sucre et de pommes de terre et les cultures maraîchères. Sous l'effet de la mécanisation, une large part de la main-d'œuvre agricole s'est tournée vers les emplois offerts dans les raffineries de sucre, les conserveries et les industries alimentaires éparpillées dans les campagnes et aux abords des villes. De fait, la Picardie prolonge la grande plaine flamande. Ses industries sont plus petites et plus variées, mais les hommes et les paysages sont semblables, ainsi que l'histoire des guerres et des invasions dont elle fut le théâtre. Ici, les noms de lieu évoquent presque tous des souvenirs sanglants: Saint-Quentin, Château-Thierry, la Somme; des cimetières militaires bien entretenus s'étendent à perte de vue, vestiges de la terrible moisson de la Grande Guerre.

La Champagne est la région productrice du vin le plus célèbre du monde — en moyenne 150 millions de bouteilles par an —, bien que le vignoble couvre un peu moins de 1 p. cent de la superficie de la province. Ce vin est demeuré sans valeur jusqu'au XVIIe siècle où — l'histoire ressemble à un conte de fées — le moine Dom Pérignon découvrit le secret de sa merveilleuse effervescence. Au XVIIIe siècle, la viticulture prit sa place aux côtés de la métallurgie et des textiles parmi les principales ressources de la région. De nos jours, le commerce du champagne s'épanouit autour de charmantes villes comme Épernay et Reims qui furent presque entièrement modernisées au XIXe siècle; la campagne environnante, jadis sèche et aride, a été progressivement transformée, grâce aux progrès techniques, en une terre riche, couverte de blé.

Une fois franchie la Bresle picarde, nous voici dans l'ancien duché de Normandie, dont le nom vient des Normands, ou Vikings, peuple vigoureux qui s'établit dans la région au IXe siècle. De cette base, ils commencèrent par effectuer des raids vers l'intérieur (ils faillirent prendre Paris en 885) puis, ayant suffisamment raffermi leur présence, ils allèrent conquérir l'Angleterre en 1066 et acquirent de la sorte une puissance bien supérieure à celle du royaume de France naissant. Les calmes pâturages de la Normandie, aujourd'hui la laiterie de la France, produisent en abondance beurre et fromage. Le paysage, plat ou faiblement vallonné, est coupé de haies touffues délimitant des prairies ou des vergers plantés de pommiers que les Normands — peuple non viticulteur — exploitent pour fabriquer leur cidre et leur calvados.

Les Normands sont économes et circonspects. Leur gastronomie, à base de crème et de pommes, est l'une des meilleures du pays. En dehors de la fréquence des yeux bleus, ils ne ressemblent plus guère à leurs ancêtres vikings. Comme partout en France, l'exode rural a été massif et les paysans, surtout dans l'est de la Normandie, se sont tournés en masse vers les chantiers navals du Havre et les industries qui se développent rapidement autour de Rouen (la belle cité médiévale où fut brûlée Jeanne d'Arc en 1431).

La Bretagne, sans doute la plus originale des provinces françaises, s'étend le long des côtes de la Manche et de l'Atlantique.

LA RÉPARTITION DÉMOGRAPHIQUE

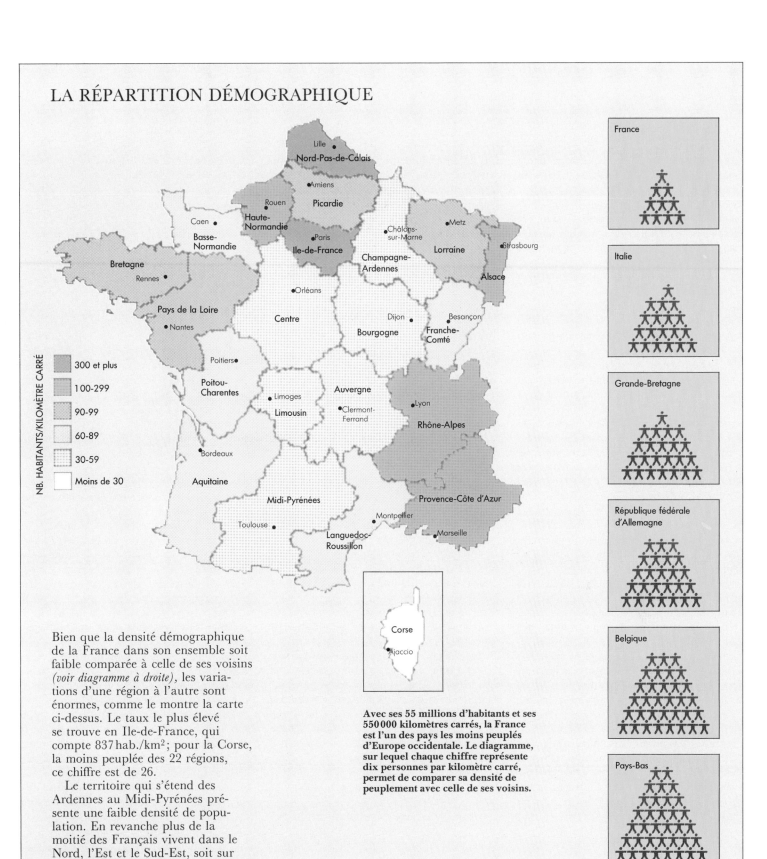

NB. HABITANTS/KILOMÈTRE CARRÉ

- 300 et plus
- 100-299
- 90-99
- 60-89
- 30-59
- Moins de 30

France

Italie

Grande-Bretagne

République fédérale d'Allemagne

Belgique

Pays-Bas

Bien que la densité démographique de la France dans son ensemble soit faible comparée à celle de ses voisins *(voir diagramme à droite)*, les variations d'une région à l'autre sont énormes, comme le montre la carte ci-dessus. Le taux le plus élevé se trouve en Ile-de-France, qui compte 837 hab./km²; pour la Corse, la moins peuplée des 22 régions, ce chiffre est de 26.

Le territoire qui s'étend des Ardennes au Midi-Pyrénées présente une faible densité de population. En revanche plus de la moitié des Français vivent dans le Nord, l'Est et le Sud-Est, soit sur moins d'un quart de la superficie du territoire national.

Avec ses 55 millions d'habitants et ses 550 000 kilomètres carrés, la France est l'un des pays les moins peuplés d'Europe occidentale. Le diagramme, sur lequel chaque chiffre représente dix personnes par kilomètre carré, permet de comparer sa densité de peuplement avec celle de ses voisins.

10 HAB./KM CARRÉ

Elle constitue la bordure celtique de la France; les Bretons possèdent de nombreux traits communs avec les habitants de la Cornouailles et du pays de Galles d'outre-Manche et dont ils parlent encore la vieille langue celtique. L'été venu, les touristes affluent sur son rude et pittoresque littoral, mais la Bretagne de l'intérieur, balayée par les vents, est relativement pauvre. Elle ne fut rattachée au royaume de France qu'en 1532 et ses habitants se sont souvent demandé si cette annexion ne leur avait pas coûté plus qu'elle n'avait rapporté à la nation.

L'industrie ne s'est jamais vraiment implantée en Bretagne et, actuellement encore, elle emploie à peine 20 p. cent de sa population active. La Bretagne a toujours vécu à un rythme différent de celui de la France. Pendant la Révolution, elle fut passionnément royaliste; et tout au long du XIXe siècle, elle manifesta, à l'encontre du courant laïque, un catholicisme à tout crin. Elle a fourni à la France un nombre proportionnellement élevé de soldats et de marins et a en outre été frappée par l'émigration — un fort pourcentage des habitants du Canada français sont d'origine bretonne.

La contrée n'avait guère les moyens de les retenir. La terre était ingrate, la culture celtique tournée en dérision et la langue virtuellement interdite. Jusqu'à une époque récente, tout Breton devait porter un nom français et chrétien patenté, au moins vis-à-vis de l'administration qui ignorait tout bonnement les noms traditionnels du terroir et traitait leurs possesseurs comme s'ils n'existaient pas. Mais les choses ont changé. Les subventions publiques ont contribué à ranimer l'économie de la province et, grâce à la volonté de la jeunesse instruite, la culture bretonne est revenue à l'honneur. Le breton est à présent toléré et on l'enseigne comme seconde langue; mais des années de négligence en ont

Au cimetière de La Targette, non loin d'Arras, dans le Pas-de-Calais, de simples rangées de croix marquent les tombes de 8 000 soldats français tués lors des deux guerres mondiales. Ces sépultures militaires parsèment tout le nord-est de la France où eurent lieu les batailles les plus sanglantes.

réduit la pratique et il est trop tôt pour savoir si l'intérêt nouvellement éveillé chez les jeunes contrebalancera son déclin parmi les paysans, ses dépositaires traditionnels. Ce renouveau s'accompagne aussi de certaines manifestations extrêmes, exercées par une poignée d'activistes déterminés à faire triompher la cause bretonne par la violence.

Le cas de François Argouache est assez représentatif de l'évolution de la Bretagne moderne. Né en 1938, fils de petits fermiers de Morlaix, il a fait des études universitaires et gagne maintenant bien sa vie à la tête de la Société d'économie mixte pour l'équipement du Nord-Finistère. Avec son épouse, bretonne elle aussi, il habite une jolie maison à Carantec, charmant village de pêcheurs, et ils ont deux enfants qui vont l'un et l'autre au lycée.

Il dit lui-même: «Enfant, j'ai appris le breton à la maison, parce que c'était la langue de mes parents. Mais si je la parlais à l'école, le maître me coiffait du bonnet

d'âne ou me faisait faire au pas de course vingt fois le tour de la cour — c'étaient les ordres de Paris. Aujourd'hui tout cela a changé, les gens sont libres de vivre leur culture.» Pour ses propres enfants, l'identité bretonne va de soi; mais il est curieux de constater qu'ils n'éprouvent pas comme leur père le besoin de la revendiquer car elle n'est plus proscrite.

François Argouache, qui s'oppose catégoriquement aux méthodes violentes des séparatistes, se montre partisan d'une autonomie régionale, notion qu'il distingue soigneusement de l'indépendance totale, dont il pense qu'elle n'aurait aucun sens sur le plan économique. Il plaide au contraire pour une décentralisation sous forme d'une assemblée élue au niveau local et disposant de son budget propre. Dotée de pouvoirs fort limités, une assemblée de ce type fut mise en place en 1972, dont les fonctions et les moyens, selon François Argouache, se verront sans aucun doute progressivement développés. Interrogé sur

À Écueil, en Champagne, des ouvriers viticoles célèbrent la fête de saint Vincent, le saint patron du vin, en disputant une course de tonneaux. Celui qui le premier fait rouler le sien (vide) jusqu'à la ligne d'arrivée gagne un magnum du fameux vin pétillant.

ce que signifie pour lui être Breton, il répond avec la même ambiguïté que nombre de ses compatriotes: «Eh bien, je me sens aussi Français à part entière. Mais à l'intérieur de la France, la Bretagne a sa propre personnalité, sa propre histoire, sa propre culture. Nous avons de même notre langue, nos chansons et nos danses et je suis fier du renouveau culturel grâce auquel ces traditions restent vivantes.»

Au sud de la Bretagne se trouvent les pays de la Loire — arrosés par ce fleuve, puissant mais non navigable, qui baigne aussi la vieille province royale de Vendée avant d'aboutir au fier port de Nantes. Tout comme la Bretagne qu'elle jouxte, la Vendée fut ardemment royaliste pendant la Révolution et les guillotines vengeresses, transportées en chariot depuis Paris, y firent de terribles ravages. Pourtant, Nantes a toujours eu les yeux plus volontiers tournés vers l'océan que vers Paris. Une part importante de sa prospérité s'est bâtie sur la traite des esclaves et, lorsque la Convention révolutionnaire prononça, en 1793, sa Déclaration des droits de l'homme et du citoyen, les marchands d'esclaves nantais décidèrent tout simplement que les dispositions de ce texte n'étaient que bavardage parisien et continuèrent de se livrer à leur noir commerce. La richesse actuelle du port repose à présent sur de moins scandaleux négoces.

En amont, la Loire, aux rives chargées de vignobles, parcourt les anciennes provinces de l'Anjou et de la Touraine, «le jardin de la France», émaillé de célèbres châteaux. Chambord, avec ses quelque 440 pièces, est assurément le plus grand, mais le plus beau est peut-être Chenonceau, qui enjambe le Cher, merveilleux exemple de l'exubérance de la Renaissance française.

Plus en amont, le fleuve serpente jusqu'à Orléans, arrosant des terres parmi les plus fertiles d'Europe. Au nord-ouest s'étend la grande plaine de la Beauce où ondulent à perte de vue le blé et le maïs, et dont émergent les deux flèches dissymétriques de la cathédrale de Chartres, qui semblent avoir poussé là grâce à la même force de germination qui fait croître les céréales.

1

C'est la campagne de Beauce qui a servi de cadre au roman d'Émile Zola *La Terre,* description de la brutalité aveugle, de la concupiscence et de la violence de la vie paysanne, lequel fit scandale à l'époque. La Beauce a certes évolué depuis Zola : sa population a baissé, les terres ont été remembrées et leur exploitation, désormais mécanisée, s'apparente davantage à la gestion d'une entreprise moderne qu'à l'expression d'un mode de vie traditionnel.

Au sud des pays de Loire, on pénètre dans la vieille Aquitaine qui fut jadis un fleuron de la couronne d'Angleterre, vaste province au doux climat océanique. Elle doit avant tout sa renommée aux grands vignobles du Bordelais, mais on y cultive aussi une bonne part du tabac brun aromatique de France ainsi que toute une variété de produits agricoles. Au sud de l'estuaire de la Gironde, où se blottit Bordeaux à l'abri de la mer, la plaine côtière est plate et sablonneuse. Jadis incultes, les Landes sont devenues, grâce à une soigneuse afforestation, l'une des plus grandes pinèdes d'Europe ; la côte elle-même aligne fièrement ses kilomètres de plage de sable fin qui lui ont valu le nom de Côte d'Argent et attirent en été de très nombreux vacanciers.

Toujours plus au sud, dans les Pyrénées et le Pays basque, le relief s'élève. Les maisons exhibent des colombages peints en rouge sur des murs blanchis à la chaux et leurs toits en pente douce sont couverts de tuiles d'un rouge lumineux. Parmi les populations européennes, les Basques représentent une énigme. Ils vivent de part et d'autre de la frontière franco-espagnole, mais leur origine ethnique ne les rattache ni aux Français ni aux Espagnols et leur idiome n'appartient à aucune famille linguistique connue. En Espagne, un mouvement séparatiste militant lutte depuis des années pour l'indépendance à l'égard de

Les cyclistes du tour de France passent dans la grand-rue d'Orbec (Normandie) devant les voitures d'escorte de leurs équipes.

Madrid; les Basques français, moins nombreux, sont moins turbulents, bien que tout aussi conscients de leur identité culturelle et prompts, du reste, à prêter mainforte à leurs cousins d'outre-Pyrénées auxquels ils font passer des armes et dont ils cachent les refugiés clandestins.

La région qui s'adosse à la montagne s'appelle aujourd'hui le Midi-Pyrénées; avec sa voisine, le Languedoc-Roussillon, qui suit la courbure de la côte méditerranéenne jusqu'au-delà de Montpellier, elle forme l'historique Languedoc. Généralement chaude, sèche et montueuse, elle est plantée, sur toute la longueur du golfe du Lion, de vignobles très productifs qui fournissent aux Français une grande partie de leur vin de table. Son nom a pour origine la langue parlée jadis dans tout le sud de la France, la langue d'oc, du mot *oc* qui signifiait «oui», expression commode pour distinguer, sous une forme abrégée, à la fois la région elle-même et son dialecte du reste de la France où «oui» se disait *oïl*. De même qu'en Bretagne, l'usage de la langue ancienne s'est peu à peu perdu au XXᵉ siècle; comme en Bretagne encore, les régionalistes s'efforcent de la faire revivre, bien qu'on puisse s'interroger sur ses réelles chances d'avenir.

En deçà du Languedoc se dresse le Massif central, qui couvre un septième de la superficie de la France et constitue le cœur rocheux du pays. Géologiquement, ses collines et ses montagnes arrondies sont de formation ancienne, comme d'ailleurs l'ensemble du relief européen, mais la colossale poussée des Alpes, voici quelques millions d'années (c'est-à-dire avant-hier à l'échelle géologique), souleva et fractura le vieux socle granitique où naquirent des volcans; ce bouleversement du paysage engendra d'impétueuses rivières qui creusèrent de profondes gorges dans la roche primitive, lesquelles caractérisent, avec les volcans éteints, la physionomie actuelle de la région. L'Auvergne, au centre du massif, est connue pour ses puys, cheminées éruptives dont les cônes ont disparu sous l'effet de l'érosion, laissant à nu la saillie granitique escarpée du culot volcanique, et ses cirques, anciens cratères parfois remplis d'eau. Les gorges de ses rivières, la Dordogne, le Lot, l'Ardèche et le Tarn sont impressionnantes. Aujourd'hui enjambées de viaducs et de ponts vertigineux, elles représentaient jadis de formidables obstacles à la communication et contribuèrent grandement à l'isolement des habitants de la contrée.

La beauté du paysage n'est pas exempte de sévérité; les hauts plateaux restent longtemps enneigés durant les mois d'hiver et la vie y a toujours été dure. On comprend, dans ces conditions, le lent dépeuplement de ce pays, vidé, en l'espace d'un siècle, de ses paysans partis en quête d'une vie meilleure. Néanmoins, il existe en Auvergne une ville industrielle, Clermont-Ferrand, qui possède des manufactures de pneus et de textiles ainsi que des imprimeries; mais la plupart des immigrants sont allés s'implanter plus loin, à Lyon et dans la conurbation parisienne.

Celui qui, en hiver surtout, se rend du Massif central dans la vallée du Rhône et

LA GRANDE PARADE CYCLISTE

Depuis sa création en 1903, le tour de France est resté la plus haute manifestation du cyclisme en Europe. Si la toute première course comptait 60 concurrents, le tour est devenu une attraction que regardent des centaines de milliers de badauds le long de son parcours et des millions de téléspectateurs.

Pendant trois semaines, de la fin juin à la mi-juillet, quelque 130 cyclistes couvrent une distance de près de 4 000 kilomètres. L'itinéraire change chaque année, mais traverse invariablement certaines portions des Alpes et des Pyrénées aussi bien que les plates étendues du Nord, avec parfois un détour dans un pays voisin. L'arrivée se situe toujours à Paris par une remontée endiablée des Champs-Élysées.

Les concurrents forment des équipes de dix coureurs originaires de pays passionnés de cyclisme comme la France elle-même: l'Italie, la Belgique, l'Espagne et les Pays-Bas. Les commanditaires de la course — fabricants de cycles, de boissons non alcoolisées, etc. — fournissent les bicyclettes et les pièces détachées ainsi que le personnel de l'escorte motorisée qui comprend les mécaniciens et les masseurs. Un impressionnant convoi de véhicules transporte ces auxiliaires, les médecins, les officiels de la fédération ainsi qu'une petite armée de journalistes.

Le tour se déroule sous forme d'étapes quotidiennes dont le nombre n'excède pas 22 et dont la longueur varie de 150 à 300 kilomètres. En outre, certaines journées sont consacrées à des courses contre la montre, avec des étapes plus courtes et des départs échelonnés.

La course prévoit deux systèmes de marque distincts, dont le premier consiste à attribuer des points — selon le classement quotidien de chaque coureur — et le second à noter les temps effectués. Le gagnant d'une étape revêt le maillot vert, tandis que le maillot jaune revient au premier du classement général. Celui qui, à la fin de la course, est porteur du maillot jaune devient le grand vainqueur.

Il remporte une jolie somme d'argent et maints avantages en nature. Mais rien ne remplace les ovations de la foule qui font de lui un héros comparable aux Louison Bobet, Jacques Anquetil et Bernard Hinault.

1

Pendant que les acheteurs examinent l'arrivage sur le marché aux poissons de Concarneau, le crieur annonce leurs enchères. Avec plus de 1 000 km de côtes, la Bretagne, première région de France pour la pêche en haute mer, fournit plus de un tiers de la consommation nationale de poisson.

en Provence, a le sentiment de renaître. La Provence est célèbre pour sa lumière; terre d'oliviers, de vignes et de cyprès, pays du soleil méditerranéen, elle a une longue histoire. Rome en fit l'une des provinces de son empire et installa sa capitale en Arles où subsistent, ainsi qu'en d'autres lieux de la région, de nombreux vestiges de l'architecture romaine. A la chute de l'Empire, la riche et prospère Provence devint la proie d'envahisseurs successifs qui la dévastèrent à des degrés divers; les derniers, les Arabes, venus d'Afrique du Nord par l'Espagne, ne furent repoussés qu'au Xᵉ siècle. Elle connut ensuite 500 ans d'indépendance avant son rattachement à la couronne de France en 1486. De même que leurs voisins au ponant, les Provençaux parlaient un dialecte apparenté à l'ancienne langue d'oc; la littérature d'expression provençale est abondante et, depuis le XIXᵉ siècle, on peut parler à son égard d'une sorte de renouveau.

La Provence n'est pas uniformément riche: l'intérieur se compose de collines arides couvertes de garrigue et les deux tiers de la population vivent sur une étroite bande côtière où le climat s'apparente au type subtropical. On y trouve un peu partout des fermes isolées aux murs de pierres blanches ou ocre pâle de la région et aux toits de tuiles romaines dont les tons, d'un riche brun rose, se détachent sur un fond de cyprès — paysage provençal classique qui a tant inspiré la peinture de Van Gogh et de Cézanne. Le seul véritable inconvénient est le mistral, vent violent qui s'engouffre dans la vallée du Rhône avec une violence capable d'anéantir les récoltes et de coucher les arbres.

A l'embouchure du Rhône s'étale Marseille, qui dispute à Lyon le titre de seconde ville de France; elle est en tout cas le port le plus actif du pays et se place juste après Rotterdam parmi ceux de la Communauté européenne. En deçà de

Toulon jusqu'à la frontière italienne s'étend la légendaire Côte d'Azur, la Riviera française, dont les hauts lieux sont Nice et Cannes. Un développement sauvage a passablement entamé son charme, mais les horribles immeubles de béton qui bouchent la vue du littoral ne rebutent pas les vacanciers, qui continuent d'affluer par centaines de milliers pour profiter du climat enchanteur et du soleil.

Nice et ses environs ne sont français que depuis 1860, année où ils furent cédés par le royaume de Sardaigne à Napoléon III, comme prix de son soutien aux luttes pour l'indépendance italienne. Après la défaite de 1940, les troupes de Mussolini occupèrent Nice pendant une courte période, ce qui explique peut-être que les Niçois n'aient pas, depuis lors, manifesté le désir d'être autre chose que Français.

Les habitants de la Côte d'Azur sont des privilégiés, tout à fait conscients des avantages de leur implantation géographique. Jacques Cornet, employé de banque, la trentaine, en est le vivant exemple. Né à Antibes, il réside à présent avec son épouse et leurs deux enfants de 8 à 10 ans dans un appartement qu'il est en train d'acheter grâce à un prêt de son employeur. Il parcourt chaque jour les 5 km qui le séparent de son lieu de travail situé dans le complexe industriel de Sophia-Antipolis, centre spécialisé dans les techniques de pointe et que l'on a baptisé le Silicon Valley de la Riviera.

Pour lui la Provence et la Côte d'Azur sont des endroits où il fait bon vivre. Il affirme que les gens du cru, volontiers attablés à une terrasse de café ou s'attardant à une partie de pétanque sur quelque place ombragée, moins obsédés par leur travail que leurs compatriotes, consacrent plus de temps à leurs loisirs. Son temps libre, il l'occupe, lui, à sa nouvelle passion, la planche à voile; le climat se prête aux sports de plein air et Jacques Cornet, vêtu d'un pantalon blanc et d'une chemise à manches courtes, est aussi soucieux de sa forme physique que de sa mise.

S'il habitait le Nord, il aurait sans doute, pense-t-il, des revenus supérieurs, mais que seraient ceux-ci comparés aux plaisirs perdus de la vie sur la Côte d'Azur? Ses enfants, par exemple, ne pourraient plus se promener à bicyclette après l'école comme ils le font ici tout au long de l'année. Et en fin de semaine, la famille n'aurait plus la possibilité de gagner les Alpes maritimes où, à une heure de voiture, Jacques Cornet peut se livrer à son autre passion, l'alpinisme. «Il y a par ici, dit-il, une qualité de vie qu'on ne trouve nulle part ailleurs en France.»

L'itinéraire naturel de la Provence vers le nord consiste à remonter la vallée du Rhône. Les légionnaires romains y construisirent les premières grandes chaussées grâce auxquelles ils conquirent la Gaule: la moderne autoroute vers Paris suit le même tracé. Lyon mérite qu'on s'y attarde; cette belle ville, entourée d'une vaste zone industrielle, est également la capitale gastronomique de la France — ce qui n'est pas un mince compliment dans un pays dont chaque terroir s'enorgueillit de l'excellence de sa cuisine.

La vallée du Rhône est tout entière bordée de vignes jusqu'à Lyon; en amont, le fleuve amorce sa courbe vers l'est et le lac Léman, en devenant plus sinueux à mesure qu'on le suit dans les Alpes, au nord de la dynamique ville de Grenoble. Le versant de la montagne aujourd'hui français appartenait presque entièrement à l'ancien duché de Savoie et ne fut rattaché à la France qu'en 1860. Ce changement modifia peu la vie des habitants dans les hautes vallées. Les conditions d'existence

UN DÉLICE GASTRONOMIQUE

Parmi tous les produits comestibles qui font la célébrité de la France, nul ne requiert une préparation aussi surprenante que le foie gras, ce mets exquis que l'on consomme depuis la fin du XVIIIᵉ siècle. La préparation de cette spécialité périgourdine et alsacienne consiste notamment à gaver des oies avec du maïs pendant cinq à six semaines, au terme desquelles leur foie hypertrophié pèse parfois jusqu'à deux kilogrammes.

Le foie est ensuite poché, réduit en mousse ou transformé en pâté de foie gras, dont la saveur s'obtient par une cuisson à base de vin, d'aromates et de truffes. Bien que cette production atteigne quelque 1 000 tonnes par an, elle ne peut satisfaire à l'ampleur de la demande; on utilise donc aussi des foies de canard et, en outre, la France importe 1 000 tonnes de foies gras par an, principalement de Hongrie.

Opération de gavage d'une oie.

Châtelain périgourdin surveillant un troupeau d'oies élevées pour leur foie gras.

1

étaient suffisamment dures pour qu'ils ne se sentissent pas outre mesure concernés par des questions d'allégeance administrative. Aujourd'hui, l'immense popularité des sports d'hiver a amené un afflux sans précédent de visiteurs dans la région dont la prospérité n'a d'égale que la beauté.

Au nord de Lyon, la Saône mène au cœur de la Bourgogne, arrosant maints villages au seul nom desquels l'envie vous prend de vous munir d'un tire-bouchon: d'abord le Beaujolais, puis Mâcon, Chalon et Beaune et, plus loin, la Côte-d'Or. La Bourgogne est bien septentrionale pour produire du vin rouge et seuls les soins les plus intensifs prodigués aux vignes permettent d'en obtenir. La plupart des tenures sont de dimensions très réduites: ainsi la campagne offre-t-elle un aspect bigarré

que lui confère la multiplicité des petits vignobles amoureusement cultivés.

Les Bourguignons, de caractère plutôt jovial, ont un goût tenace de l'indépendance auquel se mêle un grand fatalisme acquis à force de voir des récoltes entières détruites par la grêle qui s'abat souvent sur la région en septembre. Leurs maisons traditionnelles sont centrées autour de la très importante cave sur laquelle sont édifiées les pièces d'habitation. Dijon, aujourd'hui capitale régionale élégante et tranquille, était jadis le siège du duché de Bourgogne dont la puissance surpassait celle des rois de France.

A l'est se trouve l'ancienne province de Franche-Comté, annexée par la France au XVIIe siècle, et les monts du Jura, formation géologique la plus jeune du pays, dont

les paisibles vallées sont restées en grande partie à l'abri des atteintes pourtant envahissantes de notre XXe siècle.

Au nord, l'Alsace et la Lorraine, par lesquelles se termine notre tour de France, ont connu une histoire troublée. L'Alsace, serrée entre les Vosges et le Rhin, fut arrachée à la France après la guerre de 1870-1871. La plupart de ses habitants parlent un dialecte qui s'apparente au suisse-allemand. Sa capitale, Strasbourg, dont la possession fit l'objet de tant d'âpres disputes, fut choisie en 1949, de manière fort appropriée, pour devenir le siège du Conseil de l'Europe et elle abrite aussi le Parlement européen, symbole de l'unité des pays occidentaux. La présence de ces institutions ne va pas sans inconvénients: les Strasbourgeois se plaignent de la haus-

se des loyers et du développement inconvenant de la vie nocturne dans une ville habituée à plus de retenue.

La Lorraine voisine fut aussi une pomme de discorde entre la France et l'Allemagne; les ossuaires et les cimetières proches de Verdun, dernières demeures de centaines de milliers de jeunes hommes, restent le témoignage effarant du coût d'un différend frontalier. Du point de vue agricole, la Lorraine est moins bien dotée que d'autres provinces, mais son charbon et son sous-sol expliquent sa richesse passée et la convoitise qu'elle a pu susciter. Sa prospérité se réduit aujourd'hui à un souvenir: ses industries du fer et de l'acier sont en profonde récession. Le chômage atteint des taux parmi les plus élevés de la nation et des villes comme Longwy, sur la frontière belge, n'offrent aujourd'hui qu'un pâle reflet de leur ancienne activité.

Reste à parler de la Corse, grande île méditerranéenne de 8 700 kilomètres carrés, située à quelque 170 kilomètres au sud-est de Nice, et plus près encore de la côte toscane. La France l'a acquise en 1769 et les Corses conservent, à l'égard de leur statut, des sentiments ambigus. Il existe, d'une part, une vigoureuse tradition d'indépendance qui se manifeste aujourd'hui par l'action d'un mouvement séparatiste de petite envergure mais aux méthodes violentes. On peut douter que les poseurs de bombes l'emportent aux élections, mais la traditionnelle loi du silence observée par leurs compatriotes insulaires représente un appui suffisant pour rendre la répression difficile. Pourtant on observe, conjointement, une tradition opposée qui consiste à aller chercher fortune sur le continent: Napoléon Bonaparte ne fut ni le premier ni le dernier Corse à se faire un nom à Paris. Actuellement, les Corses forment 15 p. cent des effectifs de la police française et l'on déplore parmi eux, dit-on parfois, un pourcentage comparable des criminels de la

nation. Et il est vrai que leur réputation de peuple intraitable n'est plus à faire: l'île fut la première région de France à se libérer de la botte allemande lors de la Deuxième Guerre mondiale, pratiquement sans aucune assistance extérieure.

Comme si la diversité à l'intérieur de ses frontières européennes ne suffisait pas, la France possède encore des territoires éparpillés dans le monde. Elle compte cinq départements d'outre-mer: la Guadeloupe et la Martinique dans les Caraïbes, la Guyane française sur le continent sud-américain, l'île de la Réunion à l'est de Madagascar dans l'océan Indien, et Saint-Pierre-et-Miquelon, chapelet d'îles au sud de Terre-Neuve dans l'Atlantique Nord. Chacun de ces départements est représenté par ses députés à l'Assemblée nationale de Paris, mais dispose par ailleurs d'organismes autonomes pour gérer les finances et l'administration.

A la diversité succède la diversité: en définitive, le trait sans doute le plus remarquable de la France n'est pas le vaste éventail de dissemblances qui distinguent ses provinces et leurs habitants, mais plutôt la stabilité et l'unité mêmes de la nation. Le tracé de ses frontières aurait pu être fort différent de sa configuration actuelle. Quels sont donc les dénominateurs communs au sein d'une telle variété? La réponse se trouve principalement dans la langue et dans la culture, ainsi que dans l'existence et l'expérience partagées au cours d'un long passé commun.

On fait généralement remonter la cohésion de la nation française à l'élection d'Hugues Capet au trône de France en 987 par les puissants seigneurs du royaume. Les barons, loin de chercher à créer un véritable pouvoir royal, choisirent leur roi en raison de la modestie de son domaine, la petite Ile-de-France, située autour de la minuscule ville de Paris, dont la puissance

était bien inférieure à celle de ses nouveaux vassaux. Le fait qu'on y parlait un obscur dialecte de la langue d'oïl, le francien, plutôt qu'une langue plus largement utilisée telle que le normand ou l'occitan, a peut-être joué en faveur de l'élection d'Hugues Capet. Les puissants seigneurs féodaux ne pensaient jamais avoir à redouter le suzerain qu'ils s'étaient choisi.

Or peu d'erreurs d'appréciation furent aussi lourdes de conséquences. Les siècles suivants (voir chapitre 2) virent la lente ascension de la fragile dynastie capétienne et de ses héritiers collatéraux qui, au XVIe siècle, avaient, bon gré mal gré, doté la France d'une monarchie absolue. Et en tant que langue de ce pouvoir, le français connut le même sort.

Sa diffusion s'opéra très progressivement à ses débuts. Au XIe et au XIIe siècle, la plupart des documents officiels étaient encore rédigés en latin et les littératures vernaculaires s'exprimaient en général dans les dialectes méridionaux. Toutefois, dès le XIIIe siècle, le francien, dont l'usage se répandait, était devenu la langue administrative et cette évolution s'avéra irréversible. Pendant des siècles encore, les paysans, c'est-à-dire l'immense majorité de la population, continuèrent de parler les patois locaux, perpétuant ainsi les difficultés de communication entre eux; mais ceux qui les gouvernaient parlaient le français et quiconque se découvrait de l'ambition devait en passer par son apprentissage pour réussir.

L'apogée de la langue française, aux XVIIe et XVIIIe siècles, coïncida avec celle du pouvoir militaire, économique et diplomatique de la France. Les Français eurent la satisfaction de voir leur langue adoptée par les élites d'autres pays, en particulier l'Allemagne et la Russie, et utilisée pour la diplomatie et la rédaction des traités et des messages échangés entre grandes puissances. En France même, elle devint l'objet

Un jeune homme parodie gentiment la démarche d'une élégante vacancière, à la grande joie de la clientèle à la terrasse d'un café de Saint-Tropez. Ce tranquille village de pêcheurs, devenu célèbre vers 1960, attire aujourd'hui quelque 50 000 personnes par an.

1

d'un intérêt proche de la vénération. L'écrivain Antoine de Rivarol, dans son *Discours sur l'universalité de la langue française*, publié peu avant la Révolution, résuma en ces termes une conviction largement répandue: «Ce qui n'est pas clair n'est pas français.»

A l'époque de Rivarol, le français dont il chantait les louanges n'était parlé que par une faible minorité. Il fallut la Révolution, l'instauration du service militaire obligatoire et surtout le développement de l'éducation nationale au cours du XIXe siècle pour qu'un Gascon acquière la possibilité de converser sans entraves avec un Lyonnais. Et cependant que la paysannerie apprenait le français, le reste du monde l'oubliait. Désormais, tout un chacun en Allemagne s'exprime en allemand et parle russe en Russie. En outre, l'anglais porta un rude coup à l'hégémonie du français en devenant rapidement la langue mondiale de la science et du commerce; au XXe siècle, pour la première fois peut-être depuis l'époque d'Hugues Capet, le français se tient sur la défensive.

Pourtant, il figure encore au 12e rang parmi les langues les plus couramment employées dans le monde et l'on peut s'attendre à ce qu'il conserve cette position. Seule la moitié de ceux qui le parlent vivent en France. Les autres zones francophones comprennent le Canada français, de nombreux pays d'Afrique, d'Asie et du Pacifique, c'est-à-dire, en gros, l'étendue de l'ancien empire colonial de la France. Cependant, les Français — ou à tout le moins ceux qui le gouvernent — considèrent la langue menacée et sont partis en croisade contre ce qu'ils perçoivent comme une vague de néologismes barbares empruntés à sa vieille rivale, l'anglais, stigmatisés sous le nom de «franglais».

Les mots *week-end* ou *cocktail*, par exemple, ont été consacrés par l'usage et ne choquent plus; en revanche, le déluge

récent de vocables tels que *marketingman* a conduit à la promulgation, en 1977, d'une loi votée à l'unanimité par tous les partis politiques, recommandant l'utilisation exclusive du français — le bon français, s'entend — dans la publicité, les documents officiels, et même à la radio et à la télévision. Semblable attitude a été, de façon générale, favorablement accueillie à l'étranger. De nombreuses langues ont été en effet défigurées par l'introduction de vilains néologismes anglais ou anglo-américains, y compris dans ces deux dernières langues elles-mêmes. Pour un étranger, il reste toutefois surprenant de constater le caractère centralisé, officiel, de la réaction française face à cette situation, comme si la langue française, dissociée en quelque sorte du peuple français, n'était qu'un instrument utilisé par le seul gouvernement et dont la pureté est confiée à la sauvegarde des édiles.

La culture française, second élément de la force de cohésion nationale, est à la fois plus puissante et moins bien définie que la langue qui pourtant l'irrigue copieusement. Elle court moins le risque de faire l'objet d'une quelconque centralisation. D'un côté, elle s'exprime dans la grande tradition philosophique et littéraire française, elle-même creuset de tendances opposées et complémentaires: le froid rationalisme de Descartes ou de Voltaire est indissociable du romantisme passionné de Jean-Jacques Rousseau ou de Victor Hugo. De l'autre, elle est une profession de foi, venue du tréfonds de l'âme nationale et souvent manifestée avec vigueur dans la qualité de la vie: un sens du style, qu'il s'exprime à travers le goût vestimentaire ou l'amour de la bonne cuisine et du bon vin; ce n'est point là le fait du hasard, mais au contraire d'une patiente et considérable somme d'efforts au fil des ans.

Le style, tout Français en possède, peu ou prou, ou croit en posséder; et le reste du monde, les yeux tournés vers la France, l'admire. On a dit que Paris est le lieu où vont mourir les bons Américains, et cette assertion contient un fond de vérité, tant il est vrai que l'on respire en France le parfum d'un certain «au-delà», largement perceptible. Car une partie de la réalité de la France relève de la façon dont elle se rêve elle-même, le rêve au cœur duquel brille son idéal, qui à son tour infuse à la réalité son âme et sa grandeur. Cela explique peut-être l'inquiétude des étrangers à l'idée de la voir changer: tout rêve doit rester immuable.

De fait, les changements n'ont pas manqué: en 40 ans, la «doulce France» a subi de profondes transformations. Elle a traversé une période d'expansion économique étonnante au cours de laquelle les trois quarts de sa paysannerie ont émigré vers les villes. A bien des égards, elle est simplement devenue une concurrente de plus sur l'échiquier occidental, au cœur de l'effervescence de cette fin de siècle. Les offres d'emploi de cadres supérieurs publiées dans la presse parisienne réclament des «jeunes loups» et les hommes d'affaires français ont les dents aussi longues et manifestent la même âpreté que leurs homologues londoniens ou new-yorkais.

Mais on a peine à imaginer la France banalisée, standardisée, uniformisée au sein du monde occidental transatlantique. Elle est bien trop jalouse de son indépendance. Elle en a certes sacrifié une parcelle lorsqu'en 1957 elle contribua à fonder la Communauté économique européenne, mais la prospérité qu'elle en a retirée est immense comparée au peu qu'elle a perdu de sa souveraineté. En ce qui concerne sa politique de défense, la France conserve aussi, dans une large mesure — et c'est là bien souvent un motif de contrariété pour les alliés —, son autonomie. Bien que membre de l'OTAN, elle a retiré, en 1966, ses forces du commandement unifié de l'organisation et entretient à grands frais sa propre force de dissuasion nucléaire, «la force de frappe». Ses alliés de l'OTAN lui reprochent de trop souvent chercher à ménager la chèvre et le chou. Pour les Français, cette politique est tout simplement logique: ils ne se sont jamais laissé embarrasser par les contradictions.

Car la France des années 1980 apparaît vraiment comme une terre de contrastes où tradition et modernité coexistent par nécessité. Un exemple — extrême mais révélateur — permettra de mieux saisir le genre d'équilibre auquel elle est parvenue. La petite ville de Pauillac, près de Bordeaux, produit l'un des meilleurs vins de France: ses quelques hectares de vignes qui descendent en pente douce vers l'estuaire de la Gironde fournissent trois des cinq grands crus du Bordelais. Aujourd'hui se dresse, étincelante, une grosse raffinerie de pétrole construite récemment dans la banlieue de la ville. Son implantation a soulevé de fortes protestations locales et on peut très bien imaginer que, dans un État où le pouvoir central eût été moins fort, elle n'aurait peut-être jamais vu le jour. Ce n'est certainement pas une réussite d'intégration au paysage, mais la France moderne a besoin de ce pétrole, vital pour son industrie, qui contribue à sa richesse. Non loin de là, dans les clos, le lent et patient travail viticole se poursuit, à peu près inchangé depuis des siècles. Le vin est toujours mis à vieillir dans la silencieuse fraîcheur des caves des châteaux et son prix de vente est élevé: on le tient toujours pour le meilleur du monde. Ainsi vont de pair continuité et changement — à l'image d'un pays où l'on s'efforce de préserver le meilleur de l'ancien, tout en explorant résolument le nouveau.

LES MULTIPLES VISAGES DE LA FRANCE

Si certaines régions du monde présentent des traits géographiques plus grandioses par leur ampleur, nul autre pays d'Europe ne rassemble une telle variété de paysages que la France où, sur un territoire relativement peu étendu, on trouve, à quelques exceptions près, toutes les configurations physiques possibles.

La France doit sa grande diversité à une latitude intermédiaire entre le pôle et l'équateur, où se mêlent les climats océanique, continental et méditerranéen. Au nord et à l'ouest, les effets adoucissants de l'océan tempèrent la violence des vents en provenance de l'est, cependant qu'au sud le Languedoc et la Provence baignent dans la chaleur bienfaisante des régions méridionales.

Partout en France, on lit les traces d'une présence humaine dont la densité et la pluralité n'ont d'égale que la multiplicité de ses terroirs. Produit de quelque 5 000 ans de défrichage et de labours ininterrompus, ces campagnes façonnées par l'homme — des vastes étendues céréalières aux maigres herbages, en passant par les vignobles et les oliveraies — constituent aujourd'hui un précieux héritage.

Sur fond de nuages d'orage, un rayon de soleil éclaire la citadelle de Calvi, perchée au-dessus des falaises du nord de la Corse. L'« île de Beauté » a un relief abrupt qui garantit de toute atteinte son paysage naturel.

Aux alentours d'Étretat, la Côte d'Albâtre doit sa célébrité à ses kilomètres de falaises profondément sculptées par la mer.

Paysage tourangeau où s'étalent à partir
d'un bourg des champs de céréales
et de légumes. Cet exemple de tenure
morcelée tend à devenir rare à cause
de la politique de remembrement de la
propriété rurale qui encouragea
les agriculteurs à regrouper leurs terres
au moyen d'échanges de parcelles.

A plusieurs mètres au-dessous du
niveau de la mer, les marais salants
de Guérande, au nord de l'estuaire
de la Loire, sont l'une des trois salines
de la côte atlantique. L'eau est amenée
jusqu'aux bassins d'évaporation
puis dans des vases de saunage *(centre
et premier plan)* où s'accumule le sel.

Au pied des Pyrénées, un hameau
blotti sous les nuages. Autrefois,
au cours des mois d'hiver, les bergers
avaient coutume de faire descendre les
bêtes vers les pacages des vallées
basses. Aujourd'hui, nombre de régions
sont dépeuplées ou envahies par les
acquéreurs de résidences secondaires.

Adossée aux montagnes majestueuses
où l'aiguille Verte *(à droite)* culmine à
4 120 mètres, Chamonix, célèbre
station des Alpes où se déroulèrent en
1924 les premiers jeux Olympiques
d'hiver, possède le téléphérique le plus
haut d'Europe, qui permet d'accéder
jusqu'à 3 800 mètres d'altitude.

Dans l'arrière-pays de Saint-Tropez, une église romane en ruine surplombe les toits en tuile de Collobrières, village provençal typique.

Parmi les monts d'Auvergne, cette chapelle du Xe siècle qui coiffe une éminence granitique de 80 m se dresse au cœur de la ville du Puy, dont le nom provient du vocable local servant à désigner ces vestiges, érodés aujourd'hui, d'une ancienne activité volcanique dans la région.

UN PASSÉ GLORIEUX

Cette tapisserie allemande du XVe siècle représente Jeanne d'Arc reçue à Chinon en 1429 par le dauphin. Lors de cette entrevue, Jeanne obtint du futur Charles VII le commandement d'une petite armée, avec laquelle, le 8 mai, elle mit fin au siège d'Orléans.

Toutes les nations sont pétries d'histoire, et la France n'échappe pas à cette règle. L'histoire de ce grand pays permet de retracer sa croissance et l'intégration graduelle d'un ensemble de peuples en un État unifié. Aujourd'hui encore, l'unité nationale est constituée d'un ensemble de pièces diverses, et les frontières du pays représentent moins des limites naturelles qu'une ligne de démarcation artificielle sur la carte, expression suprême d'une volonté politique délibérée.

Les premiers chapitres de l'histoire de France sont placés sous le signe de la peinture et de la sculpture — heureux départ pour un pays destiné à se faire remarquer par la qualité de ses artistes. Dès la préhistoire les hommes qui habitaient le Sud-Ouest de la France il y a près de 20 000 ans ont laissé à Lascaux, aux Eyzies, aux Trois Frères et dans de nombreuses autres cavernes de saisissantes représentations animales, taureaux, chevaux et daims. On croit que ces peintures furent exécutées comme un rituel destiné à conférer à celui qui le pratiquait des pouvoirs magiques sur le gibier qu'il chasserait ensuite. Les hommes de Cro-Magnon — nos ancêtres de l'âge de pierre qui vivaient aux abords de la Dordogne — avaient, croit-on, certains traits physiques, haute taille et large visage, qui caractérisent toujours les habitants de cette vallée.

Il est un autre peuple qui a laissé d'importants vestiges de sa culture, celui qui érigea les énormes blocs de pierre qui se dressent encore dans le paysage de la Bretagne notamment. Les dolmens, menhirs et cromlechs aux dimensions cyclopéennes servaient, dans bien des cas, à déterminer l'emplacement du lever et du coucher de la lune à certaines époques de l'année.

Le plus souvent les menhirs s'élèvent, raides et nus, à cinq ou six mètres au-dessus du sol. Certains sont décorés d'ornements en relief qui nous renseignent quelque peu sur ceux qui les ont édifiés. On y voit des têtes humaines, des roues solaires, des labyrinthes, des motifs floraux ou bien des colliers et des pectoraux tels que devaient en porter les danseuses célébrant le solstice d'été.

Au cours du premier millénaire avant Jésus-Christ, les hommes du Mégalithique furent supplantés par un peuple habile à maîtriser l'usage du fer, les Celtes, dont la civilisation s'étendait sur tout le nord de l'Europe, des Carpates à l'Irlande. La Gaule, du nom que l'on donnait à la France celtique, présentait une société essentiellement rurale, avec de rares places fortes (oppidum) et une centaine de peuples sans cesse en lutte et incapables de s'élever à un sentiment national.

Les Celtes n'ont pas laissé de relation écrite de leurs us et coutumes — mais les Grecs et les Romains affichaient un intérêt certain pour ce peuple vindicatif et grand buveur. « Les Gaulois », notait Diodore de Sicile au Ier siècle av. J.-C., « boivent avec excès, se repaissent du vin qu'importent dans leur pays les marchands, et le consomment pur. »

Inévitablement, les Gaulois entrèrent en conflit avec les sociétés méditerranéennes en pleine expansion. Le port de Massilia

2

— notre Marseille — fut fondé en l'an 600 av. J.-C. par des négociants grecs et des colons de Phocée, ville ionienne située sur le littoral de la Turquie actuelle. Ce sont eux qui acclimatèrent en Gaule la culture de la vigne. Ils combattirent aux côtés des Romains lors des guerres puniques contre Carthage et ceux-ci en retour prêtèrent main-forte aux Massiliots en 154 av. J.-C. dans leurs expéditions punitives contre les tribus de Nice et d'Antibes.

En 58 avant notre ère, Jules César reçut le proconsulat de la Gaule cisalpine et de la « Province », la Provence d'aujourd'hui. A la tête d'une armée bien inférieure en nombre mais remarquablement disciplinée, il défit plus de 300 000 envahisseurs helvètes, peuple celtique de la Suisse. Il obligea Vercingétorix à capituler à Alésia et établit l'autorité de Rome sur toute la Gaule, autorité qui se perpétua pendant près de 500 ans.

La Gaule romaine représente à bien des égards la matrice de la future France. Les Romains lui imposèrent l'usage du latin — la *lingua franca* — dans le domaine administratif, la dotèrent d'un code législatif en vigueur dans tout le pays, d'un système de poids et mesures, et délimitèrent des frontières qui s'étendaient alors jusqu'au Rhin. Le siège principal de la province se trouvait à Lugdunum — à présent Lyon —, point de départ des grandes chaussées qui sillonnaient l'ensemble du territoire. Richement doté par Néron et Trajan, Lugdunum devint l'une des plus belles cités de l'empire.

La Gaule romaine s'enorgueillissait de ses écoles et de ses bibliothèques, de théâtres, de thermes, de piscines et autres traits de haute civilisation, et elle ne dépendait de personne pour s'approvisionner en vin. Le poète Ausone, qui vivait dans la région bordelaise au IVᵉ siècle, était fier de ses 400 hectares de vignobles situés aux alentours de Saint-Émilion.

Mais, au moment même où il célébrait les bienfaits de la vigne, des tribus barbares se pressaient aux frontières. En l'an 406 de notre ère, elles traversèrent le Rhin et s'infiltrèrent en Gaule. Les Wisigoths s'installèrent dans le Sud-Ouest, les Burgondes dans la vallée de la Saône. Au même moment, en 410, Rome elle-même fut mise à sac par les Goths et l'empire d'Occident disparut en 475. Des ruines de la Gaule romaine naquit un ordre nouveau, instauré par les redoutables guerriers francs, parlant une rauque langue germanique, empestant le poireau et le beurre rance dont ils enduisaient leur chevelure.

Ces Francs se prétendaient les héritiers de l'empire romain dont ils avaient adopté et les usages et la religion chrétienne. Clovis, le roi franc qui occupa Paris en 486, portait, lors de son entrée dans la ville, le titre de consul et les insignes correspondants. Ses descendants — qui se disaient mérovingiens, en souvenir de Mérovée, le fondateur de la dynastie — portèrent la couronne jusqu'au VIIIᵉ siècle. Ils furent alors déposés par Pépin le Bref, le père de Charlemagne.

Charlemagne fut le premier souverain à gouverner la totalité de la France (exception faite de la Bretagne, cet irréductible bastion toujours aux mains des Celtes). Il fut couronné à Noyon, en 768. Le lieu de sa naissance demeure inconnu, mais on sait que ses origines et sa langue étaient germaniques, et il demeure une figure marquante de l'histoire allemande aussi bien que française. Il fit d'Aix-la-Chapelle sa résidence préférée et c'est là que ses cendres furent conservées.

Ses armées s'emparèrent de la presque totalité de l'Europe occidentale, de Brindisi, sur le talon de la botte italienne, jusqu'à Hambourg, baigné par l'Elbe, et des Alpes de Carinthie jusqu'aux Pyrénées. En l'an 800, le pape Léon III apporta la consécration de l'Église à tous ces hauts

Ce reliquaire en or mesurant un mètre de haut, commandé en 1481 par Louis XI, renferme un fragment d'ossement du bras de Charlemagne qui fut couronné roi des Francs en 768 et sacré Saint Empereur romain en l'an 800. Il réalisa l'unification de la France, à l'exception de la Bretagne.

faits en couronnant Charlemagne, le jour de Noël, empereur romain d'Occident dans la basilique Saint-Pierre de Rome. Avant cela, seuls les empereurs byzantins pouvaient, de leur lointaine Constantinople, se prétendre les héritiers des Césars.

A la mort de Charlemagne, en 814, son fils, Louis le Pieux, lui succéda et préserva l'unité de l'héritage paternel jusqu'en 843 où il mourut à son tour. Ensuite l'empire éclata, partagé entre plusieurs héritiers selon la coutume germanique. Charlemagne demeura néanmoins une figure monumentale au sein de son époque, dont les exploits inspirèrent maintes légendes et poèmes épiques. Tandis que l'histoire retenait le souvenir des temps de paix et d'harmonie qui présidèrent à son règne, l'imagination populaire, idéalisant son image, conserva de lui le souvenir d'un monarque sage et juste, le champion de la chrétienté. On lui prêtait des pouvoirs surnaturels capables de s'exercer même par-delà la mort: une légende rapporte qu'il attend, armé et couronné, entouré de ses preux, prêt à s'élancer pour livrer bataille au nom de la foi le jour où se manifestera l'antéchrist. Une autre affirme que les années de bonnes récoltes viennent de ce qu'il a traversé le Rhin à cheval, sur un pont d'or, pour aller bénir les champs. Cette image idéalisée de l'empereur, ainsi que celle de son fidèle paladin, Roland, et de son olifant, a inspiré les cours de France bien après qu'on eut perdu le souvenir de ses véritables exploits.

Les nombreux conflits qui opposèrent les descendants de Charlemagne ne leur permirent pas de résister aux raids des Scandinaves, Norvégiens ou Danois — ces Nortmans ou Normands, assoiffés de conquête, qui ravagèrent les côtes françaises au IXᵉ siècle à bord de grandes embarcations appelées drakkars. Un chroniqueur les a décrits comme des hommes pleins de ruse, avides de gains et de

Portrait de François Iᵉʳ par Jean Clouet, restituant pleinement la majestueuse allure et la magnificence des vêtements du roi qui incarnait en France l'esprit de la Renaissance. François Iᵉʳ, à la tête de ses troupes dans les batailles, était également un grand mécène et fut l'ami personnel de Léonard de Vinci.

puissance, à la fois somptueux et cupides et d'une endurance redoutable. Animés au départ du simple désir de piller, ils finirent par s'installer dans la vallée de la basse Seine qui leur fut attribuée au Xᵉ siècle et qui allait donner naissance au duché de Normandie. Cette province constitua une pièce nouvelle de cette mosaïque de principautés féodales placés en état de dépendance, du moins nominale, à l'égard des héritiers de Charlemagne, les rois de France appartenant à la dynastie capétienne.

Pendant plusieurs siècles les ducs de Normandie menèrent une existence indépendante. En 1066, le fils illégitime de Robert le Diable traversa la Manche avec son armée. Il remporta la bataille de Hastings et fut couronné à Westminster roi d'Angleterre sous le nom de Guillaume le Conquérant. Après un règne de 21 ans passé principalement en Normandie, il fut enterré à Caen. A la suite du mariage d'un de ses descendants, Henri Plantagenêt,

avec Aliénor d'Aquitaine, en 1154, les rois d'Angleterre disposèrent d'un véritable empire en France qui comprenait, outre la Normandie, l'Anjou, la Touraine, le Maine et l'Aquitaine.

A cette date, les rois de France voyaient leur autorité menacée par les autres seigneurs du royaume, à la tête de grands duchés comme la Bourgogne ou la Bretagne ou des comtés tels ceux de Champagne ou d'Auvergne. Pour compenser leur faiblesse, ils ne disposaient que du prestige religieux du sacré et de l'ascendant donné par l'hommage féodal. Mais celui-ci restait purement nominal et les grands féodaux gouvernaient leurs fiefs en toute indépendance et se livraient de façon intermittente à de véritables guerres, parfois pour le simple plaisir de se battre.

Au XIIᵉ siècle, un troubadour, Bertran de Born, seigneur de Hautefort, dans le Périgord, trouvait que la guerre était un «moment heureux» et aimait par-dessus tout «voir sur les prairies tentes et pavillons dressés», et avait «grande allégresse lorsqu'aux champs» il voyait «se ranger chevaux et cavaliers en armes (...) Masses brisant les heaumes peints, glaives tranchant les boucliers». Dans un de ses poèmes, transposé en français moderne par Joseph Anglade, il annonce son intention d'aller se battre sous les remparts de Périgueux, armé d'une masse et d'une épée. «... Et si je trouve par là quelque Poitevin obèse, il éprouvera le tranchant de mon épée car je ferai de sa tête une purée de cervelle et de mailles d'acier.»

Pendant plus de deux siècles, les Capétiens luttèrent pour affirmer leur autorité sur leurs grands vassaux turbulents et factieux. Mais ils durent d'abord consolider leur pouvoir sur leur propre domaine réduit à l'Ile-de-France, avec Paris, Senlis et Orléans. Ces terres, sillonnées de grandes voies fluviales, constituèrent pour cette raison une excellente base stratégique d'où

UN HYMNE A LA FOI

Édifiée sur une hauteur de la plaine beauceronne, la cathédrale de Chartres est l'apothéose du gothique flamboyant qui se caractérise par le style élancé, l'utilisation de l'ogive et une profusion de vitraux et de sculptures. Édifiée sur les ruines d'une ancienne église détruite par un incendie et consacrée en 1260, cette «bible de pierre» est un monument de la foi dont les flèches sont visibles à des kilomètres à la ronde.

Malgré ses proportions massives, l'intérieur de la cathédrale est étonnamment aérien et léger — grâce aux arcs-boutants de soutènement extérieur. En s'affranchissant de la nécessité d'appareiller lourdement les voûtes de l'édifice, on s'enhardit à construire plus haut et à pratiquer dans les murs des ouvertures nettement plus grandes que celles que l'on se contentait de percer jusqu'alors.

En partie soulagés de leur rôle porteur, les murs servirent de cadre à ce qui est peut-être la principale gloire de Chartres — ses vitraux colorés, semblables à des manuscrits enluminés translucides. Environ la moitié de ces vitraux sont le don de riches seigneurs, les autres furent offerts par les guildes de marchands dont chacune veillait à ce que fussent incorporés des motifs illustrant les particularités de sa corporation *(page ci-contre, en bas)*.

Vues du nord-ouest, les tours jumelles de la cathédrale de Chartres se dressent comme les deux mâts d'un navire au-dessus des toits de la ville.

Avec une délicatesse qui dément leurs
proportions massives, les colonnes
cintrées encadrent les lancettes et la
rosace du transept sud, offerte par le
comte de Dreux et son épouse.

Un porteur d'eau vidant son pot.

Fourreur vendant un manteau.

Charron à l'œuvre.

entreprendre l'unification du royaume de France. Le processus fut lent et discontinu, avec de passagères régressions. Mais peu à peu les pièces du puzzle commencèrent à former un ensemble cohérent. Le domaine des Capétiens se fit plus vaste. Au XIIIᵉ siècle, Philippe Auguste parvint à ébranler la puissance britannique sur la France en confisquant la Normandie, le Maine, l'Anjou, la Touraine et l'Auvergne. Il veilla à l'agrandissement et à l'embellissement de Paris qu'il pourvut d'une enceinte sur la rive gauche (la tour de Nesle) et ordonna à la bourgeoisie d'en faire autant sur la rive droite.

Louis VIII et Louis IX, ses fils et petit-fils, réussirent à récupérer l'héritage du comte de Toulouse. La Champagne et la ville de Lyon furent rattachées par Philippe le Bel deux générations plus tard. Mais lorsqu'au XIVᵉ siècle Philippe de Valois succéda aux trois derniers capétiens disparus sans héritier, le roi d'Angleterre Édouard III invoqua le fait qu'il était le petit-fils de Philippe le Bel par sa mère pour revendiquer la couronne de France.

Ce fut le point de départ de la guerre de Cent Ans. De 1337 à 1453, les Anglais remportèrent de grandes victoires à Crécy, Poitiers ou Azincourt. Mais au moment où la cause française semblait perdue, une jeune paysanne de 17 ans entra en scène et ranima les énergies. Jeanne d'Arc ne savait ni lire ni écrire. Mais elle avait entendu les voix surnaturelles de saint Michel, sainte Catherine et sainte Marguerite lui ordonnant de délivrer la France. Ayant réussi à persuader Charles VII des origines divines de sa mission, elle se fit confier une imposante armée qu'elle conduisit à cheval, vêtue d'une armure, à l'assaut d'Orléans. Elle délivra la ville, forçant les Anglais à se retirer au nord de la Loire.

C'est grâce à Jeanne que Charles VII fut couronné roi de France à Reims le 17 juillet 1429. Un an plus tard, cependant, elle fut faite prisonnière par les Bourguignons, alliés de l'Angleterre, et traduite à

Rouen devant un tribunal ecclésiastique comme hérétique et sorcière. On l'accusa d'avoir «fait fi de la décence qui convient à son sexe et revêtu irrévérencieusement un habit d'homme et adopté l'état des gens de guerre», se rendant ainsi «abominable, par tant de forfaits, à Dieu et aux hommes». Ses juges, partisans des Anglais, rendirent un verdict entendu d'avance et Jeanne fut brûlée vive sur le bûcher le 30 mai 1431. Son martyre marqua pourtant un tournant décisif de la guerre de Cent

Ans. La pucelle en armure symbolisa dès lors l'esprit patriotique et religieux qui permit aux rois de France de s'établir fermement sur le trône.

Après la mort de Jeanne d'Arc, Charles VII leva la première armée royale de France, soit quinze compagnies de «gens d'armes» de grande valeur, cavaliers issus de familles nobles, soutenus par des fantassins et une artillerie redoutable. Il couvrit la dépense par des impôts et vit avec succès s'opérer la reconquête du territoire. En

1453, les dernières troupes anglaises furent boutées hors de France.

La paix tant désirée fut assombrie par la rivalité entre la France et la Bourgogne à laquelle Louis XI mit fin en 1482, avec le traité d'Arras rattachant à la couronne le duché de Bourgogne ainsi que la Picardie. En outre, il annexa le duché de Bretagne par mariage et ceux d'Anjou et de Provence par héritage. Le royaume dont hérita François Ier à son avènement en 1515 était le plus grand et le plus avancé

BABIOLES RÉVOLUTIONNAIRES

On chercherait en vain quelque aspect de la vie française n'ayant pas été affecté par la Révolution de 1789: le vieux calendrier grégorien fut remplacé par un système «rationnel» de mois de 30 jours nommés d'après les saisons; telle loi levant toute restriction sur le choix de prénoms encourageait l'usage de «Mort aux aristocrates» ou de «Racine de la Liberté».

Il n'est que de considérer les différents objets ici reproduits pour percevoir l'impact de l'ardeur révolutionnaire dans la vie quotidienne. L'éventail en haut à gauche et l'urne au-dessous, par exemple, sont tous deux ornés d'une figure de la Liberté portant une lance surmontée du bonnet rouge, ou bonnet phrygien, semblable au couvre-chef que l'on remettait aux esclaves romains récemment affranchis. Ce même symbole, qui orne un encrier *(ci-contre, en bas à gauche)*, représente les forces révolutionnaires écrasant le clergé.

Des slogans, «Guerre aux châteaux» et «Mort aux tyrans» sont inscrits sur la tabatière en bas à droite, laquelle est dédiée aux «braves sans-culottes de Paris» — c'est-à-dire les travailleurs qui portaient des pantalons longs au lieu des culottes serrées aux genoux en usage dans la noblesse. Des sentiments républicains analogues sont exprimés sur le paquet de cartes à jouer *(ci-contre, en haut à droite)* où l'on voit prendre la place des rois et des reines, symboles de la tyrannie passée, les figures allégoriques des idéaux révolutionnaires, entre autres la liberté du culte, l'égalité des races et l'égalité devant la loi.

Un baromètre surmonté d'une Bastille en miniature — la célèbre prison devenue le symbole de l'arbitraire royal *(ci-contre, en haut à gauche)* — évoque les sombres souvenirs de l'Ancien Régime. Mais la Révolution, à son tour, devait déchaîner la répression: ce modèle réduit de guillotine en bois peint et en fonte en est un sinistre rappel.

Éventail peint.

Modèle réduit
de guillotine.

Urne de Sèvres
à l'emblème de
la Liberté.

Baromètre coiffé d'une Bastille.

Cartes à jouer révolutionnaires.

Encrier en forme de bonnet phrygien.

Tabatière républicaine.

sur le plan culturel et politique du continent européen. Ses frontières se rapprochaient de celles de la France moderne et l'autorité du roi était reconnue de presque toute la haute noblesse. François Ier s'entoura d'une pléiade de conseillers, souvent issus de la bourgeoisie, spécialisés chacun dans leur domaine — législation, finance ou impôts —, lointains ancêtres de l'armée de fonctionnaires qui administre aujourd'hui le pays.

L'un des grands titres de gloire de François Ier fut d'introduire à la cour de France les splendeurs de la Renaissance italienne. Il s'assura le concours d'architectes et de peintres célèbres — comme Léonard de Vinci qui apporta la *Joconde* dans ses bagages —, et commanda à Benvenuto Cellini de nombreuses sculptures pour orner ses châteaux dans le goût italien, tel celui de Chambord ou de Saint-Germain-en-Laye où il s'adonnait à une vie fastueuse entouré de chefs-d'œuvre et de jolies femmes. L'essentiel de son règne fut cependant marqué par la lutte menée contre l'empereur Charles Quint, dont les possessions constituaient une menace pour la France, et par de graves revers, comme la défaite de Pavie où le roi fut fait prisonnier. Le conflit se termina en 1559 sous le règne de son successeur, Henri II, par le traité de Cateau-Cambrésis.

Henri II eut aussi à affronter des difficultés politiques d'un autre ordre. La Renaissance avait favorisé un climat de remise en cause des principes régissant les domaines spirituels et intellectuels qui culmina dans le grand schisme de la Réforme. La France, ainsi que les États allemands, se trouva divisée en deux camps acharnés, les catholiques et les protestants, qu'on appela par la suite les huguenots. Après quarante années de sanglants affrontements entraînant la dévastation de quelques-unes des plus belles régions du pays, les deux factions

rivales parvinrent à un compromis. L'unité se fit autour du roi Henri IV, le premier rejeton de la famille des Bourbons à accéder au trône lorsque son cousin, Henri III de Valois, mourut sans héritier en 1589.

Le Béarnais avait été élevé par sa mère, Marguerite de Navarre, dans la religion protestante, ce qui semblait l'exclure de la succession, mais il se convertit à temps au catholicisme — «Paris vaut bien une messe» —, et son règne apporta la paix et la prospérité dans un pays fatigué par tant de guerres. Il devint bientôt extrêmement populaire, surtout parmi les pauvres, en raison de ses efforts pour encourager l'agriculture, le commerce et l'industrie: manufactures de soieries, de tapisseries, les Gobelins par exemple, construction de canaux, etc. Il a également laissé le souvenir d'un bon vivant, gros mangeur et grand buveur, le géniteur d'une innombrable postérité, légitimée ou non. Il fut assassiné en 1610 par Ravaillac, un fanatique religieux, mais il laissa la France

dans un état de grande prospérité et de stabilité politique.

Son fils, Louis XIII, maintint l'unité de la France en dépit du réveil des huguenots et d'autres factions rebelles. Monarque prudent et mélancolique, il eut le mérite de maintenir sa confiance à son principal ministre, le cardinal de Richelieu. Celui-ci poursuivit la lutte contre les Habsbourg, obligea les grands seigneurs à l'obéissance, renforça l'absolutisme royal et enleva aux protestants, après le siège de La Rochelle, toute puissance politique et militaire.

Parmi les réalisations les plus éclatantes et les plus durables de Richelieu, il faut compter la création d'une marine digne de ce nom. A son arrivée au pouvoir, en 1624, la France ne possédait qu'une modeste flotte de navires de guerre. Deux années plus tard, le cardinal s'était fait nommer surintendant de la Navigation et du Commerce et il releva la marine en achetant notamment des vaisseaux à la Hollande. En outre, il encouragea les expéditions outre-mer, engagées au siècle précédent. L'expansion coloniale dépendait de l'initiative de compagnies privées, cautionnées par le roi, qui favorisaient l'établissement dans les pays lointains et se livraient au commerce sur leurs propres navires. Après la mort de Richelieu, cette activité connut un déclin avant d'être reprise par Colbert, le ministre de Louis XIV, fils de Louis XIII. La France avait alors des intérêts coloniaux dans des régions aussi éloignées que le Canada, les Indes orientales, Madagascar et les Antilles: la Guadeloupe et la Martinique.

Le règne de Louis XIV débuta sous de mauvais auspices. En 1643, le dauphin avait 5 ans à peine lorsque son père mourut de tuberculose, et les grands seigneurs du royaume ne tardèrent pas à se rebeller contre la couronne. Pendant dix ans, la régence fut assurée par sa mère, Anne d'Autriche, et par le successeur de Riche-

Sur ce tableau de Jacques Louis David, peintre officiel du couronnement de Napoléon Bonaparte, l'empereur est ici figuré dans sa pose célèbre, revêtu de l'uniforme impérial. Le peintre et le modèle moururent tous deux en exil.

LES RÉGIMES EN FRANCE DEPUIS LA RÉVOLUTION

Ire République   1792-1804
Fondée après la destitution de Louis XVI.

Ier Empire   1804-1814
Napoléon Bonaparte, Premier consul de la République, se couronne lui-même empereur.

Restauration   1814-1830
Après la défaite de Napoléon, le comte de Provence — frère de Louis XVI — accède au trône sous le nom de Louis XVIII. A sa mort, en 1824, son troisième frère, Charles X, lui succède.

Monarchie de juillet   1830-1848
Charles X, destitué pendant la révolution de Juillet 1830, est remplacé par le duc d'Orléans qui, en tant que monarque constitutionnel, règne sous le nom de Louis-Philippe.

IIe République   1848-1852
Louis-Philippe est contraint d'abdiquer après la révolution de 1848 qui embrase les rues de Paris. Louis-Napoléon Bonaparte, neveu de Napoléon Ier, est élu président de la IIe République.

Second empire   1852-1870
Par un coup d'État militaire, Louis-Napoléon se fait proclamer empereur et gouverne la France pendant 18 ans sous le nom de Napoléon III.

IIIe République   1870-1940
Proclamée après la défaite de la France dans la guerre contre la Prusse. En dépit de fréquents changements de gouvernement, elle se prolonge jusqu'à l'invasion allemande de 1940.

État français de Vichy   1940-1944
Régime d'autorité institué par le maréchal Pétain qui tenta de mettre en œuvre une révolution nationale.

Gouvt provisoire   1944-1946
Sous l'égide du général de Gaulle, adoption d'une nouvelle constitution.

IVe République   1946-1958
Régime qui assure le redressement économique de la France et qui s'effondre en 1958 en raison d'une instabilité politique chronique et de son incapacité à résoudre le problème algérien.

Ve République   1958 à nos jours
Régime de caractère présidentiel mis en place par le général de Gaulle.

lieu, le cardinal Mazarin, qui acquit bientôt des pouvoirs considérables. En 1651, pendant les troubles de la Fronde, provoquée par la longueur de la guerre contre les Habsbourg et la lourdeur de la fiscalité, la famille royale dut précipitamment quitter le Louvre et se réfugier à Saint-Germain-en-Laye. L'épisode marqua à jamais Louis XIV, et l'amena, par la suite, à installer son gouvernement à Versailles, alors à une journée de cheval de Paris, où il exerça un pouvoir absolu à bonne distance de l'agitation de la capitale.

L'immense palais de Versailles, conçu par Louis XIV lui-même, fut édifié à partir d'un simple pavillon de chasse, situé dans un cadre peu attrayant, qui devint le centre du château. Avec le concours des meilleurs architectes, sculpteurs et jardiniers du royaume, et au coût de 65 millions de livres (à l'époque le prix d'une maison ordinaire s'élevait à 20 livres à peu près), Louis XIV fit de Versailles la plus fastueuse résidence royale d'Europe. Ses salons d'apparat et son immense galerie des Glaces, ses vastes boudoirs et ses jardins dessinés par Le Nôtre démontraient au monde avec éclat la prospérité de la France et l'étendue du pouvoir royal.

Mais Versailles représentait aussi un moyen d'enlever à la noblesse les derniers vestiges de son indépendance. Les grands seigneurs, jadis complètement autonomes à l'abri de leurs châteaux inexpugnables, se trouvaient à présent ravalés au rôle de courtisans, sans autre occupation que de se plier à la rigoureuse étiquette présidant à l'emploi du temps du roi, et de participer aux splendides bals costumés de la cour — où Louis XIV apparaissait travesti en « Roi-Soleil » — ou aux cavalcades spectaculaires que constituaient les carrousels. A leurs yeux il n'était disgrâce plus redoutable que de se voir exclus de cette cour éclatante et exilés dans leurs mornes châteaux de province.

Le règne de Louis XIV, qui dura 72 ans, correspond à l'apogée du prestige et du pouvoir de la France au sein de l'Europe monarchique. Le monde entier avait alors les yeux tournés vers la cour de Versailles, arbitre des élégances en matière de mode vestimentaire, de mobilier et d'arts décoratifs, et les répliques à échelle réduite du palais de Louis XIV se multipliaient en Europe. Mais le Roi-Soleil rêvait aussi de gloire militaire et surtout il voulait affaiblir définitivement l'Espagne et la maison d'Autriche. Ces guerres marquées par de grandes coalitions contre la France entraînèrent cependant l'annexion de Lille, Strasbourg et Besançon. Elles affaiblirent les finances du royaume beaucoup plus que les grandioses palais du monarque. Louis XIV régna jusqu'à un âge si avancé qu'il survécut à son fils, le Grand Dauphin, ainsi qu'à son petit-fils. A sa mort, en 1715, son arrière-petit-fils lui succéda sous le nom de Louis XV.

En attendant la majorité du jeune roi, la régence fut assurée par Philippe d'Orléans. Mais lorsqu'il fut en âge de gouverner, Louis XV préféra abandonner la direction des affaires publiques à ses ministres, afin de jouir de la compagnie de ses favorites, comme madame de Pompadour. Le pouvoir exercé par la marquise sur le roi tenait autant à son intelligence et à son bon goût qu'à sa radieuse beauté. Elle encouragea les peintres et les sculpteurs et fit aménager de nombreuses résidences. Elle se lia également avec Voltaire, Diderot et d'Alembert, et soutint les travaux de l'Encyclopédie, qui allaient ouvrir la voie à l'ère des Lumières en prônant les vertus du rationalisme que l'on retrouve à l'origine de l'esprit révolutionnaire.

Au XVIIIe siècle, l'économie de la France reposait de plus en plus sur les échanges commerciaux entre la métropole et les colonies antillaises, dont la production de sucre et de café faisait la fortune

LES GRANDES DATES DE L'HISTOIRE DE FRANCE

30000-15000 av. J.-C. L'homme de Cro-Magnon, premier ancêtre de l'*homo sapiens* d'aujourd'hui, peuple l'Europe post-glaciaire. Des chasseurs de l'âge de pierre peignent des figures animales sur les parois de leurs cavernes *(ci-dessus).*

4000-2000 av J.-C. Des cultivateurs-éleveurs du nouvel âge de pierre occupent presque toute la superficie de la France actuelle. Ils érigent des monuments de pierre, menhirs et dolmens.

800-400 av J.-C. Les Celtes venus d'outre-Rhin — ultérieurement appelés Gaulois par les Romains — envahissent le territoire de la France qu'ils divisent en de nombreux petits États.

Env. 600 av J.-C. Des marchands grecs fondent la ville de Massilia — aujourd'hui Marseille — sur la côte méditerranéenne.

387 av. J.-C. Les Gaulois envahissent l'Italie et mettent Rome à sac.

121 av. J.-C. Les Romains annexent à l'Empire la totalité de la région aujourd'hui appelée Provence.

58-50 av. J.-C. Intervention de Jules César en Gaule. En huit ans, César conquiert la plus grande partie de la France actuelle et des territoires adjacents jusqu'au Rhin. La guerre se termine par la chute d'Alésia et la reddition de Vercingétorix emmené prisonnier à Rome.

50 av. J.-C.-406 ap. J.-C. Les Romains mettent en place une administration articulée autour de leur capitale Lugdunum (Lyon). La civilisation gallo-romaine s'épanouit au cours d'une longue période de paix *(à droite).*

313 Par l'édit de Milan, Constantin proclame la liberté de conscience dans l'ensemble de l'empire romain. Le christianisme se propage en Gaule.

406-450 Les Romains retirent leurs garnisons de la frontière rhénane. Venant de l'Est, des vagues de Francs, de Burgondes, de Vandales et de Wisigoths pénètrent en Gaule.

451 Sous la conduite d'Attila, les Huns envahissent la Gaule. Ils sont repoussés à la bataille des Champs catalauniques.

481-511 Clovis devient roi des Francs, établis dans le nord-est de la Gaule. Lors de son règne, il impose sa domination aux Gallo-romains, aux Burgondes et aux Wisigoths. Baptisé en 496, il est le premier roi chrétien de France. Ses successeurs fondent la dynastie des Mérovingiens.

732 Charles Martel repousse les Arabes venus par l'Espagne envahir la France, à la bataille de Poitiers.

752 Pépin le Bref, maire du palais, destitue Childéric III, le dernier des rois mérovingiens, et fonde la dynastie des Carolingiens en montant sur le trône et en se faisant sacrer à Reims.

800 Charlemagne, roi carolingien, est couronné empereur d'un territoire englobant la France, l'Allemagne, le nord de l'Italie et le nord-est de l'Espagne.

843 L'empire de Charlemagne est partagé entre ses petits-fils. La France, ou Francie occidentale, échoit à Charles le Chauve.

877-987 Après la mort de Charles le Chauve, le déclin du pouvoir central s'accélère et la France s'identifie à une mosaïque de principautés féodales dont l'allégeance au roi n'est que nominale.

911 Après avoir multiplié les pillages, les Normands ou Vikings obtiennent la région située au nord-ouest de la Seine ou duché de Normandie. Victorieux à Hastings en 1066, Guillaume de Normandie devient roi d'Angleterre *(ci-dessous).*

987 Hugues Capet, comte de Paris, est élu roi de France par ses pairs sur lesquels il n'exerce qu'un pouvoir nominal. Au cours

des trois siècles qui suivent, la dynastie capétienne rétablit et étend énormément le pouvoir de la monarchie sur les grands féodaux.

1194-1260 Construction de la cathédrale de Chartres, exemple le plus pur de l'architecture gothique française.

1209-1244 Croisades contre les Albigeois, hérétiques du sud de la France. Au terme de longues et dures campagnes, le Languedoc est annexé et l'hérésie cathare réprimée dans le sang.

1214 Déjà victorieux de Jean sans Terre, Philippe Auguste bat l'empereur Othon IV à Bouvines et reprend la Normandie ainsi que la plupart des possessions anglaises.

1226-1270 Règne de Louis IX (Saint Louis), le plus grand des rois capétiens. Son influence s'étend dans toute l'Europe. En 1297, il est canonisé à titre posthume pour la part qu'il prit dans l'organisation de la septième croisade.

1309-1377 Afin d'échapper aux luttes de factions à Rome, le pape Clément V installe le siège de la papauté en Avignon. Sept papes français y assureront la direction de l'Église pendant 68 ans.

1328 La dynastie capétienne s'éteint à la mort de Charles IV. Son successeur Philippe VI fonde la dynastie des Valois qui règne sur la France jusqu'à la fin du XVIe siècle.

1337 Les prétentions du roi d'Angleterre Édouard III au trône des Valois mènent à la guerre de Cent Ans entre la France et l'Angleterre.

1347-1351 L'épidémie de peste noire ravage la France et une grande partie de l'Europe, tuant plus d'un tiers de la population.

env. 1410 Les *Très Riches Heures du Duc de Berry*, le plus célèbre des manuscrits enluminés français, est peint par les frères Limbourg pour un frère de Charles V le Sage.

1415 Les armées françaises subissent une grave défaite à la bataille d'Azincourt face aux archers anglais.

1429 Jeanne d'Arc dégage Orléans assiégée par les Anglais. Elle suscite un élan national dans la France de Charles VII mais elle est capturée et remise aux Anglais. Après avoir été jugée comme hérétique et comme sorcière, elle meurt sur le bûcher en 1431.

1453 La bataille de Castillon marque la fin de la guerre de Cent Ans. Les Anglais perdent toutes leurs possessions de France sauf Calais qui ne sera repris par les Français que 105 ans plus tard.

1461-1483 Règne de Louis XI dont l'action impitoyable permet d'étendre l'autorité royale et entraîne le développement d'un pouvoir centralisé aux dépens de la noblesse féodale.

1515-1547 Le règne de François Ier marque le plein épanouissement de la Renaissance en France.

1532 La Bretagne est officiellement rattachée au royaume de France par mariage. Les libertés de la province sont toutefois garanties et la Bretagne conserve son autonomie jusqu'en 1790.

1532-1534 François Rabelais écrit *Pantagruel* et *Gargantua* dont le contenu satirique dirigé contre la religion et la sagesse conventionnelle reflète de manière exemplaire l'esprit contestataire de la Renaissance.

1562-1598 Les guerres de Religion dressent les catholiques contre les huguenots protestants.

1572 Le 24 août, le massacre de la Saint-Barthélemy fait des milliers de victimes parmi les protestants.

1589 Henri III, dernier des Valois, meurt assassiné sans laisser de descendance. Henri IV, fondateur de la dynastie des Bourbons, lui succède *(ci-dessous)*.

1598 Henri IV promulgue l'édit de Nantes aux termes duquel la religion protestante est désormais tolérée.

1624-1642 Louis XIII nomme le cardinal de Richelieu principal ministre de son gouvernement. Pendant 18 ans, jusqu'à sa mort, le cardinal travaille infatigablement à renforcer l'autorité du pouvoir royal.

1637 René Descartes publie le *Discours de la méthode*, traité philosophique et moral jetant les bases du rationalisme français.

1643-1715 Le règne de Louis XIV, le Roi-Soleil, entouré de ses ministres, marque l'apogée de la monarchie absolue.

1685 Par la révocation de l'édit de Nantes, Louis XIV provoque une émigration massive des protestants.

1715 Louis XV accède au trône. Il hérite d'un pays en pleine prospérité mais dont les finances se trouvent paradoxalement dans un état difficile. Intelligent, mais nonchalant, le monarque consacre plus de temps à ses maîtresses — parmi lesquelles Madame de Pompadour *(ci-dessus)* fut la plus influente — qu'aux affaires de l'État. Les revers militaires dans la guerre de Sept Ans contre l'Angleterre (1756-1763) contribuent à affaiblir l'autorité royale. En art, on observe le fleurissement du style rococo, caractérisé par son exubérance.

1756 Publication du premier volume de l'*Encyclopédie*, éditée par Denis Diderot et destinée à faire progresser «la raison, la connaissance et la liberté». Les Encyclopédistes illustrent les lumières de la raison contre l'obscurantisme et l'intolérance religieuse.

1762 Rousseau publie *Le Contrat social*, où il soutient que les hommes ont été créés libres et égaux et que la société a engendré inégalité et misère.

1774 Louis XVI succède à Louis XV sur le trône de France.

1782 Les frères Montgolfier réalisent la première ascension d'un ballon gonflé à l'air chaud, tout d'abord sans équipage puis, l'année suivante, avec des passagers humains *(ci-dessus),* inaugurant ainsi l'ère des vols habités.

1789 La réunion des États généraux marque le début de la Révolution française. Les Parisiens prennent d'assaut la Bastille, prison fortifiée devenue symbole de l'arbitraire monarchique.

1792 Louis XVI est destitué puis jugé et exécuté l'année suivante *(ci-dessous).* La République est proclamée en France.

1799 Napoléon Bonaparte devient Premier consul après le coup d'État de Brumaire.

1804 Napoléon est couronné empereur par le pape. Le Premier Empire succède à la Première République.

1812 Avec l'invasion de la Russie, l'empire de Napoléon atteint son apogée ; mais la campagne se termine en désastre et l'armée française doit battre en retraite de Moscou deux mois plus tard.

1814 Contraint d'abdiquer, Napoléon est exilé à l'île d'Elbe. Restauration de la monarchie. Louis XVIII, frère de Louis XVI, remonte sur le trône et promulgue une Charte constitutionnelle.

1815 Retour de l'île d'Elbe. Mais l'équipée des Cent jours se termine par le désastre de Waterloo. Napoléon est définitivement exilé à l'île de Sainte-Hélène dans l'Atlantique Sud.

1824 Charles X succède à Louis XVIII.

1830 Révolution de Juillet : Charles X abdique ; Louis-Philippe, héritier de la branche d'Orléans de la dynastie des Bourbon et partisan de la monarchie constitutionnelle, le remplace sur le trône.

1830-1857 Conquête de l'Algérie par l'armée française.

1833 Marie Antoine Carême publie *L'Art de cuisiner au XIXe siècle.*

1848 La Révolution de 1848 renverse Louis-Philippe et la Deuxième République est proclamée. Louis-Napoléon, neveu de Napoléon Bonaparte, caricaturé ci-dessous à un âge plus avancé de sa vie, en devient le président.

1851 Louis-Napoléon s'empare du pouvoir par un coup d'État, dissout l'Assemblée et annonce une nouvelle constitution. L'année suivante, il est proclamé empereur. Début du Second Empire.

1853-1870 Le préfet de la Seine, le baron Haussmann, met en œuvre un immense programme qui permet de moderniser les transports et le système sanitaire parisien, fait édifier l'Opéra, le marché des Halles et percer de grands boulevards.

1860 Par le traité de Turin, le roi du Piémont cède à la France Nice et la Savoie en contrepartie du concours apporté par la France à l'unité de l'Italie.

1857-1885 Louis Pasteur révèle le rôle des micro-organismes dans les maladies infectieuses et les fermentations. Tout en assurant la mise au point de sérums et de vaccins, il souligne l'intérêt du procédé de pasteurisation pour stériliser les liquides.

1870-1871 Guerre franco-allemande. Le désastre de Sedan et la capitulation de Napoléon III entraînent la chute du Second Empire et la proclamation de la Troisième République.

1871 La France cède l'Alsace-Lorraine à l'empire allemand. Des insurgés s'emparent de Paris et proclament la Commune qui sera réprimée dans le sang deux mois plus tard par les troupes gouvernementales.

1872 Claude Monet peint *Impression, soleil levant*, le tableau qui donnera son nom au mouvement impressionniste.

1875-1887 Une épidémie de phylloxera ravage le vignoble français, qui sera sauvé grâce à des greffes de vignes locales sur des pieds américains résistant à cette maladie.

1890-1914 La Belle Époque, qui se caractérise par une stabilité et une opulence dont Paris bénéficia tout particulièrement, connaît une intense activité artistique et voit fleurir le style art nouveau *(ci-dessus)*.

1894 Le capitaine Alfred Dreyfus est condamné par un conseil de guerre pour avoir livré des secrets aux Allemands. Pendant près de dix ans l'affaire Dreyfus va diviser profondément le pays entre partisans et adversaires de sa culpabilité.

1903 Pierre et Marie Curie partagent avec Henri Becquerel le Prix Nobel de physique pour leur découverte de la radio-activité.

1909 Louis Blériot effectue la première traversée de la Manche à bord d'un appareil plus lourd que l'air.

1914 Le 28 juillet, début de la Première Guerre mondiale.

1918 La France sort victorieuse de la guerre mais en partie ruinée : son industrie a subi de grosses destructions et elle a perdu près de 1,4 million d'hommes.

1919 Le traité de Versailles restitue à la France l'Alsace et la Lorraine.

1925 L'exposition des arts décoratifs de Paris donnera son nom au style moderne de décoration appelé Art Déco.

1936 Victoire électorale des partis de gauche et formation d'un gouvernement de Front populaire présidé par Léon Blum.

1939 Le 1er septembre, début de la Deuxième Guerre mondiale.

1940 Effondrement militaire de la France et armistice. La Troisième République est remplacée par l'État français. Le maréchal Pétain gouverne la France depuis Vichy.

1944 Les armées alliées libèrent la France *(ci-dessous)*. Le général de Gaulle, incarnation de la France libre depuis 1940, devient chef du gouvernement provisoire.

1946 Adoption de la Constitution de la Quatrième République.

1947-1952 Le Corbusier, le plus fameux architecte français du XXe siècle, réalise en France les constructions qui le rendirent célèbre — comme l'unité d'habitation ou «cité radieuse» de Marseille —, et la Chapelle de Notre-Dame-du-Haut à Ronchamp en Franche-Comté (1953).

1947 Christian Dior fait sensation dans le monde de la mode en créant son «New look» *(ci-dessus)*.

1949 La France adhère à l'Organisation du traité de l'Atlantique Nord (OTAN).

1954 La défaite de Dien Bien Phu entraîne le retrait des Français d'Indochine.

1958 Une insurrection de la population française d'Algérie soutenue par l'armée précipite la chute de la Quatrième République. Le général de Gaulle revient au pouvoir et fonde la Cinquième République au cours des mois suivants.

1960 La France fait exploser sa première bombe atomique dans le Sahara.

1962 Proclamation de l'indépendance de l'Algérie après les accords d'Évian.

1966 La France se retire du commandement unifié de l'OTAN.

1968 Une vague d'émeutes étudiantes et de grèves exprime le mécontentement populaire vis-à-vis de la politique de de Gaulle. Une réaction aux désordres prend corps et confirme le pouvoir du chef de l'État à une majorité accrue.

1969 Le général de Gaulle se retire de la présidence de la République. Georges Pompidou lui succède.

1974 Valéry Giscard d'Estaing devient président à la mort de Georges Pompidou.

1981 Le socialiste François Mitterrand est élu président. L'Union de la gauche remporte la victoire aux élections législatives.

2

de Bordeaux, de Nantes, de Saint-Malo et même de Marseille avant d'être redistribuée vers d'autres marchés européens. La rivalité commerciale entre la France et l'Angleterre se manifestait par de nombreux affrontements en mer, où la flotte anglaise l'emportait souvent en raison de sa supériorité numérique et de sa puissance de feu. Les victoires britanniques sur mer furent favorisées par l'engagement des armées françaises sur le continent lors des guerres de Succession d'Autriche et de Sept Ans qui entraînèrent de lourdes dépenses au détriment de la marine. En fin de compte la France dut céder, lors de la signature du désastreux traité de Paris de 1763, la majeure partie de son empire colonial. Elle abandonnait le Canada, et ne conservait que 5 comptoirs en Inde et la plupart des Antilles. Le traité entraîna cependant une réaction et amena le pays à reconstruire une flotte capable de veiller à ses lointains intérêts outre-mer. L'occasion de prendre une revanche sur l'Angleterre se présenta en 1776, deux années après l'accession de Louis XVI au trône. Les colonies américaines de la Grande-Bretagne proclamèrent alors leur indépendance. Au cours d'une guerre de cinq ans marquée par l'intervention de la France, une escadre, commandée par l'amiral de Grasse, vint appuyer les troupes de Rochambeau et de Washington et obtint la capitulation du corps expéditionnaire britannique de Cornwallis à Yorktown. En 1783, un traité fut signé à Paris entre les représentants de la Grande-Bretagne et du Congrès américain qui mit un terme à la guerre d'Amérique. L'indépendance des

États-Unis fut ratifiée cette même année par le traité de Versailles.

Le triomphe des principes démocratiques — prônés par les philosophes français du siècle des Lumières —, dans la nouvelle république américaine créa un dangereux précédent politique. Des voix en France s'élevaient en nombre pour prêcher la doctrine de la souveraineté du peuple et réclamer l'abolition des privilèges de la noblesse, notamment en matière fiscale. Parallèlement, les dépenses entraînées par la guerre d'Amérique et une série de désastres financiers conduisirent la nation au bord de la banqueroute. En 1789, l'espoir de résoudre une situation critique entraîna la convocation des États généraux, qui n'avaient pas été réunis depuis 1614. Les représentants du tiers état, l'ordre de ceux qui n'appartenaient ni à la noblesse ni au clergé, refusèrent de céder aux mesures préconisées par le gouvernement et se déclarèrent Assemblée nationale, désormais détentrice du pouvoir souverain en France.

Cette première révolution pacifique de l'Assemblée nationale constituante fut suivie d'une seconde dans les rues de Paris. Le 14 juillet 1789, une foule d'émeutiers accompagnée de soldats mutinés investit la Bastille, ancienne forteresse devenue prison d'État, et promena la tête du gouverneur de Launay au bout d'un pique. Trois mois plus tard, une autre foule, conduite par les femmes de Paris, marcha sur Versailles et en ramena Louis XVI et la famille royale, placés dès lors sous surveillance au palais des Tuileries, à proximité du Louvre. En juin 1791, les souverains parvinrent à s'échapper nuitamment, mais ils furent rattrapés à Varennes et reconduits à Paris. Victime de sa faiblesse, Louis XVI, qui avait caressé le rêve de faire «le bonheur de son peuple», fut en fin de compte traduit en justice et condamné pour avoir «conspiré contre la liberté de la nation». Il fut guillotiné le 21 janvier 1793 sous le nom de «citoyen Capet».

Cette exécution obéissait à la logique d'une révolution qui poursuivait inexorablement son cours. Les assemblées, constituante et législative, se trouvaient à l'origine de mesures qui modifièrent profondément la structure et le fonctionnement du pouvoir et de la société. L'aristocratie et le clergé perdirent leurs privilèges: les terres appartenant à l'Église, soit près de 20 p. cent du territoire, furent confisquées. La *Déclaration des droits de l'homme et du citoyen* servit de préface aux nouvelles constitutions, qui entraînaient une refonte totale des rapports entre les citoyens et l'État. Pendant un certain temps fut adopté le calendrier républicain, plus scientifique que le calendrier grégorien, qui divisait l'année en mois porteurs de vocables évocateurs comme nivôse (le mois de la neige), germinal (celui des semailles) ou thermidor (le mois chaud).

Avant peu, le gouvernement révolutionnaire se vit forcé de défendre ses frontières contre les armées monarchistes d'Europe. A Valmy, le 20 septembre 1792, 50 000 soldats français, luttant pour le mot d'ordre révolutionnaire «Liberté, Égalité, Fraternité», repoussèrent une armée de 80 000 Prussiens destinée à restaurer l'ordre ancien. Le poète allemand Goethe, qui avait assisté à la bataille, mesura sur-le-champ l'importance historique de cette victoire. «D'aujourd'hui et de ce lieu, date une ère nouvelle dans l'histoire du monde», dit-il, «et vous pourrez dire tous que vous étiez présents à sa naissance.»

Après la proclamation de la République le 22 septembre 1792, la direction de la Révolution passa des mains des modérés comme les Girondins entre celles des Jacobins et des Montagnards, soumis à l'ascendant de Robespierre, «l'incorruptible défenseur du peuple», qui, décidé à faire triompher la vertu, envoya à la guillotine ses adversaires par milliers. Au cours de cette période dramatique, le Comité de salut public réussit à triompher de la menace intérieure et extérieure. La fin des périls et d'énormes difficultés économiques entraînèrent une lassitude à l'égard de la dictature des Montagnards. Taxé en fin de compte de «dictateur sanguinaire», Robespierre fut exécuté le 10 thermidor an II (28 juillet 1794). Sa chute mit un terme à la Terreur sans permettre à la France de retrouver l'équilibre politique.

Le nouveau gouvernement, un directoire de cinq membres, se révéla incapable de triompher des oppositions intérieures. Il se heurta surtout aux ambitions croissantes des généraux des armées victorieuses de la Révolution, notamment d'un jeune et brillant officier d'artillerie d'origine corse, Napoléon Bonaparte, qui avait prouvé son zèle en matant une insurrection royaliste dirigée contre le directoire. Placé à la tête de l'armée d'Italie, il se fit bientôt remarquer par son habileté à mobiliser l'ardeur de ses troupes pourtant affamées et dépenaillées. En 1796 et 1797, il défit avec une rapidité foudroyante les armées autrichiennes en Italie du Nord, procéda à l'équipement de ses hommes avec le matériel capturé et renfloua abondamment les finances de la France.

Illustré d'une gloire supplémentaire par la campagne d'Égypte, Bonaparte finit par s'emparer du pouvoir — en 1799, par le coup d'État du 18 brumaire, il s'attribua le titre de premier consul, et en 1804 il se fit proclamer empereur des Français. Pendant les dix années suivantes, Napoléon fit taire les oppositions et procéda à une réorganisation complète du pays, tandis que ses armées étendaient la domination de la France de la péninsule ibérique aux rives du Niémen. Mais, bien qu'il eût cherché à légitimer sa position en divorçant de Joséphine de Beauharnais pour épouser Marie-Louise de Habsbourg, fille

Insurgés de la Commune de Paris posant place Vendôme devant la statue de Napoléon 1er en empereur romain renversée en 1871. Ce monument ainsi que la colonne furent abattus sur ordre des communards pour qui ils évoquaient absolutisme et répression.

de l'empereur d'Autriche, Napoléon n'exerçait son hégémonie que grâce aux baïonnettes de ses grenadiers.

A des années de victoires incessantes succédèrent une série de désastres. En 1812, la campagne de Russie coûta la vie à un demi-million d'hommes et fut suivie d'autres défaites en Espagne et en Allemagne. Contraint d'abdiquer, Napoléon fut exilé sur la petite île d'Elbe, où il exercerait une souveraineté de façade pendant le restant de ses jours. Il parvint pourtant à s'en échapper et réussit l'étonnante aventure des Cent-Jours. Mais, le 18 juin 1815, la défaite de Waterloo mit un terme définitif à ses espoirs. Les Anglais le déportèrent à Sainte-Hélène, dans l'Atlantique Sud, où il mourut en 1821.

La chute de Napoléon fut suivie par la restauration de la monarchie. Le frère de Louis XVI, le comte de Provence, revint de son exil en Angleterre et se fit couronner sous le nom de Louis XVIII (le dauphin, son neveu, mort en prison, étant supposé avoir été Louis XVII après l'exécution de son père). La France fit alors l'expérience d'un régime constitutionnel. La noblesse ne retrouva qu'une partie de ses anciens privilèges, et c'est la bourgeoisie qui acquit une influence politique dominante tout en conservant les avantages obtenus pendant la Révolution. A sa mort — Louis XVIII fut le dernier roi de France à mourir pendant son règne —, le trône revint à Charles X, son frère, qui fut couronné roi à Reims en 1825 avec toute la pompe des anciens sacres.

Charles X s'efforça de trouver un compromis entre le parti royaliste ou ultra et les libéraux qui cherchaient à s'assurer le contrôle de la Chambre des députés. Mais une tentative qui visait à suspendre le régime constitutionnel et à limiter la liberté de la presse provoqua une nouvelle insurrection dans les rues de Paris — la révolution de Juillet 1830.

Cette fois le soulèvement ne fut pas accompagné de scènes de terreur ni du bruit des têtes tombant sous le couperet de la guillotine. Charles X dut abdiquer et certains songèrent à restaurer la République de 1793. Finalement, c'est la bourgeoisie libérale qui l'emporta et offrit la couronne à Louis-Philippe, duc d'Orléans.

Pendant 18 ans, ce «roi-citoyen» parvint à entretenir un semblant d'harmonie au sein de tendances politiques divergentes. C'est avec lui que débuta l'essor de l'industrie et du commerce et c'est dans un climat d'aisance bourgeoise que fleurit en France, parmi les écrivains et les artistes, cette révolution à l'échelle européenne de la sensibilité, le mouvement romantique.

Le romantisme en France fut illustré par les écrits de Victor Hugo et les symphonies de Berlioz; par les toiles de Delacroix et les romans d'Honoré de Balzac et de George Sand; par les nocturnes de Chopin qui, bien que né Polonais, résidait surtout en France; par les poèmes d'Alfred de Musset et ceux de Gérard de Nerval. Pourtant, l'irritation montait au sein de la classe ouvrière en proie à l'effroyable pauvreté décrite dans *Les Misérables*. La crise éclata au cours de la révolution de Février 1848. Le dernier roi de France se réfugia en Angleterre, tandis que s'instaurait une république basée sur le modèle américain avec à sa tête un président doté de l'essentiel du pouvoir exécutif.

A la première élection présidentielle, le candidat venant en tête était Louis Napoléon Bonaparte, le neveu du grand empereur, qui bénéficiait de la légende napoléonienne restée vivante dans les milieux populaires. Il remporta une victoire éclatante. Deux années plus tard, il se libéra des contraintes de la démocratie parlementaire et se fit proclamer empereur sous le nom de Napoléon III (le duc de Reichstadt, fils de Napoléon Ier, mort en 1832, ayant été appelé «Napoléon II»).

Photo de la tour Eiffel en construction. Cet édifice, assemblé d'après les plans de Gustave Eiffel à l'occasion de l'Exposition universelle de 1889 dans le but d'exalter le progrès technique, fut considéré comme monstrueux par la plupart des commentateurs de l'époque, mais suscita l'enthousiasme public.

Les deux décennies que dura le Second Empire coïncidèrent avec un remarquable essor du commerce et de l'industrie. La population de Paris qui, en 1801, s'élevait à peine à 500 000 âmes en comptait près de deux millions en 1866. Pourtant, le nouvel empereur — que Victor Hugo appelait avec justesse «Napoléon le Petit» — ne se satisfaisait pas de la seule prospérité de la nation. Il nourrissait de grandioses ambitions internationales. Il participa ainsi à la guerre de Crimée, à l'unité italienne et intervint même au Mexique. Pendant l'été 1870, le chancelier de Prusse, Otto von Bismarck, qui s'était jusqu'alors consacré à l'unification de l'Allemagne, se livra à diverses manœuvres (dépêches d'Ems) qui incitèrent Napoléon III à entrer en guerre en dépit de la mauvaise préparation de la France. Moins de sept semaines après le début des hostilités, le gros de l'armée française, conduite par l'empereur en personne, capitula devant Sedan.

A Paris, les partis d'opposition réagirent aussitôt en proclamant la République. Le gouvernement de la Défense nationale, établi en province, décida de continuer la lutte sans pouvoir empêcher les armées allemandes d'occuper la moitié nord du pays et d'assiéger Paris du 19 septembre 1870 au 28 janvier 1871. De guerre lasse, la France accepta alors de payer une lourde indemnité de guerre et d'abandonner au vainqueur l'Alsace et la Lorraine. Le gouvernement de la Troisième République était le fruit d'une coalition provisoire dominée par les éléments conservateurs. Quand ceux-ci cherchèrent à récupérer des pièces d'artillerie appartenant à la ville de Paris, les ouvriers en révolte s'insurgèrent et constituèrent leur propre gouvernement, la Commune.

Pendant deux mois, la Commune eut à soutenir un second siège de Paris, conduit cette fois par les troupes versaillaises loyales au gouvernement central de Thiers. Il y

Les dames somptueusement vêtues qui se promènent sous les regards de gentilshommes ont inspiré à Jean Béraud ces *Papillons de nuit*. Ce tableau, peint en 1905, rend bien l'atmosphère d'opulence et d'optimisme de la Belle Époque à laquelle la Grande Guerre vint brutalement mettre un terme.

2

eut maintes atrocités et, lorsque les assiégeants, en mai 1871, envahirent la cité, ils se livrèrent à une répression qui fit périr des milliers de communards.

Les cicatrices laissées par «l'année terrible» semblaient à l'époque inguérissables, et pourtant le processus de reconstruction fut presque immédiatement entamé. En 1878, l'année de l'Exposition universelle, un journaliste britannique pouvait écrire de Paris que la ville était «plus avenante, plus riche, plus allègre et plus fascinante que jamais». A la vérité, un véritable miracle économique s'était produit, permettant à Émile Zola d'affirmer que la France défaite s'était remise debout et se dressait triomphante dans «les domaines des arts et de l'industrie».

En effet, pendant les quarante années qui séparent la guerre franco-allemande de la Première Guerre mondiale, la France retrouva non seulement sa prospérité, tout en développant son empire colonial, mais aussi sa situation prédominante dans les arts et les lettres. En peinture, les Impressionnistes recoururent aux jeux de lumière et aux couleurs chatoyantes pour s'opposer à l'académisme officiel. On note des orientations similaires dans le monde musical avec les luminescentes sonorités de compositeurs comme Camille Saint-Saëns, Claude Debussy et Maurice Ravel. Le *Penseur* et le *Baiser* de Rodin bouleversèrent les conceptions de la sculpture. La littérature fleurit et toucha un public de plus en plus vaste. «Si un livre de Zola ne se vend pas à trois cent mille exemplaires, c'est un échec», s'émerveillait l'écrivain anglo-irlandais George Moore. «Quel grand écrivain a-t-il jamais jusqu'à présent considéré la littérature de ce point de vue?» Mais les recueils de grands poètes comme Verlaine, Rimbaud, Baudelaire ou Mallarmé trouvaient aussi des acquéreurs.

Dans les années 1890, la Belle Époque semblait annoncer l'orée d'un siècle pro-

Réservistes français sortant de la gare du Nord à Paris pour se présenter à l'appel au début de la Première Guerre mondiale. La paix revenue, la France avait récupéré l'Alsace-Lorraine, annexée par l'Allemagne en 1871, mais les pertes en vies humaines — plus d'un million de morts — furent considérables.

mis à instiller l'humanisme et l'idéalisme. Pour la première fois dans l'Histoire, l'intelligentsia représentait en France une classe bénéficiant d'une influence supérieure à celle de l'ancienne noblesse. Puis, pratiquement sans avertissement, la Première Guerre mondiale s'abattit sur l'Europe. De 1914 à 1918, au cours de terribles combats, la France perdit près de 1,4 million d'hommes. En 1916, la bataille de Verdun lui coûta à elle seule plus de 150000 vies humaines.

Après la reddition de l'Allemagne, la France retrouva l'Alsace et la Lorraine, et se vit attribuer des «réparations» considérables. Elle connaissait enfin la revanche tant attendue après la défaite de 1871. Mais le cycle des affrontements n'avait pas encore touché à sa fin. Avec le recul du temps, les années 1920 et 1930 semblent n'avoir été qu'une pause dans ce que le

poète et diplomate Paul Claudel a appelé la «guerre de Trente Ans».

Sur le plan interne, la Troisième République était à son déclin. Les divisions intestines existant dans la vie politique française s'étaient accentuées avec la révolution russe de 1917, qui entraîna une rupture au sein du parti socialiste; en 1920 l'aile prosoviétique de ce parti fit sécession pour former le parti communiste français. A l'extrême droite, la peur du bolchevisme suscita le développement de «ligues» à tendance fasciste telles que les Croix de feu ou le mouvement résolument royaliste de l'Action française.

Entre ces extrêmes, la République se maintenait péniblement sous la direction hésitante d'une série de gouvernements de coalition. Déjà affaiblie sur le plan politique, la France, comme l'ensemble du monde industrialisé, était frappée par la grande crise économique des années 1930. La nation vacillait dans une atmosphère d'agitation sociale et pendant un certain temps l'imminence d'une guerre civile sembla bien réelle. En 1936, les partis de gauche s'unissant pour s'opposer à la menace fasciste de l'extrême droite formèrent le Front populaire qui accéda au pouvoir par la voie électorale au mois de mai. Pendant les deux années où il gouverna, le Front populaire introduisit un certain nombre de réformes sociales comme les congés payés et la semaine de travail de 40 heures. En 1938, au moment où il perdit le pouvoir, la France demeurait divisée face à la menace constituée par la présence, dans les pays limitrophes, de trois régimes totalitaires hostiles : celui de Hitler en Allemagne, de Mussolini en Italie et de Franco en Espagne.

Lorsque la Deuxième Guerre mondiale éclata l'année suivante, on put croire que la France se trouvait bien à l'abri derrière les fortifications soigneusement édifiées de la ligne Maginot, qui protégeait sa frontière avec l'Allemagne. Mais Hitler décida d'attaquer en franchissant les territoires neutres de la Hollande, de la Belgique et du Luxembourg aux frontières relativement mal défendues. Au printemps 1940, la guerre-éclair se déchaîna sur le nord du pays. Paris fut déclaré ville ouverte et n'opposa aucune résistance. Le 14 juin, les bannières frappées de la swastika flottaient sur l'hôtel Crillon, où le gouvernement militaire allemand avait installé son quartier général provisoire. Les Allemands firent leur entrée par les faubourgs du nord-est ; après quelques motocyclistes «dans leurs manteaux de cuir», nota Roger Langeron, alors préfet de police, les tanks se répandirent dans une ville dont chaque maison avait les volets clos.

La France dut signer un armistice. Le maréchal Pétain, héros vieillissant de la Grande Guerre, se fit nommer chef de l'État français, avec des pouvoirs exceptionnels. Il fit retirer le mot «république» de tous les documents officiels et remplaça la devise «Liberté, Égalité, Fraternité» par la formule «Travail, Famille, Patrie». Le gouvernement de Pétain s'installa à Vichy qui devint la capitale provisoire de la zone non occupée. Aux prises avec d'énormes difficultés, poids de l'occupation, guerre larvée avec l'Angleterre, le nouveau régime tenta de promouvoir une «Révolution nationale» tout en défendant la souveraineté du Troisième Reich. Mais, après novembre 1942, marqué par l'occupation complète du pays, il dut coopérer de plus en plus avec les Allemands, leur fournit plus de 650 000 jeunes gens, dans le cadre du Service du travail obligatoire, pour faire tourner les usines d'armement, et leur livra plusieurs dizaines de milliers de juifs qui furent acheminés vers les camps d'extermination de Pologne.

A ce moment déchirant de son histoire, la France vit surgir l'homme du destin en la personne de Charles de Gaulle. Cet officier de carrière, qui ne s'était signalé jusqu'alors que par quelques traités de politique et de stratégie militaire, avait reçu ses premières fonctions officielles comme sous-secrétaire d'État à la Défense à la veille de l'armistice. Il parvint à gagner l'Angleterre d'où il lança le célèbre appel du 18 juin avant de constituer le Comité de la France libre qui rallia progressivement la Résistance sur le territoire national et dans les colonies. C'est une division de la France libre, commandée par le général Leclerc, qui fut choisie pour être le fer de lance de la libération de Paris le 25 août 1944. Encore une fois, il n'y eut pas d'opposition réelle ; en dépit des ordres de Hitler de défendre la ville, Paris compte parmi les rares capitales d'Europe à n'avoir subi aucun dommage sérieux. Le premier geste du gouvernement provisoire du général de Gaulle fut de frapper de

Après l'occupation de Paris par les Allemands en 1940, la croix gammée flottait sur l'Arc de Triomphe. Malgré un certain nombre de collaborateurs, la majorité des Parisiens évitait si bien le contact avec l'occupant que, disait-on, Paris était une ville où personne ne regarde personne.

nullité les lois promulguées pendant la guerre par le régime de Vichy.

L'essentiel consistait alors à éliminer le souvenir du cauchemar de la guerre et de l'occupation. Au moment de la Libération, les liens patriotiques avaient tissé une fragile unité, mais en pratique le pays demeurait divisé. Au sein de la Résistance elle-même, la fraction gaulliste, fidèle à son chef des temps de guerre, s'opposait à celle des communistes, qui avaient joué un rôle capital depuis 1941, après que l'Allemagne eut envahi l'U.R.S.S.

Pourtant avec la Libération se levait une aube nouvelle. Au référendum de 1945 une majorité écrasante de 96 p. cent de la population vota contre la restauration de la Troisième République. La France voulait repartir de zéro et se sentait prête à entamer le dur labeur de la reconstruction.

IMAGES DU PASSÉ RURAL

Jusque fort avant dans le XXᵉ siècle, les progrès de l'agriculture en France furent très lents. A la veille de la Deuxième Guerre mondiale, la majorité des cultivateurs possédait ou louait des parcelles n'excédant pas 5 hectares. Les capitaux nécessaires à l'acquisition d'équipements modernes étaient difficiles à obtenir et la vie rurale s'écoulait selon des modes traditionnels disparus depuis des lustres en Allemagne ou en Grande-Bretagne.

Mais la France moderne a désormais une agriculture prospère dotée de moyens de production efficaces. Nombreux sont toutefois les nostalgiques des pratiques anciennes, malgré la pauvreté des temps jadis. Ils idéalisent un passé où de fières familles paysannes travaillaient la terre de leurs mains ou au moyen de charrues tirées par des chevaux ou des bœufs, un passé où la mécanisation se limitait à l'utilisation saisonnière d'une moissonneuse.

Cette vie pastorale a été consignée avec un respect sans complaisance dans un ensemble unique de photographies prises à partir de 1912 à l'instigation d'un clairvoyant banquier alsacien. Autodidacte, Albert Kahn ne ménagea ni son énergie ni sa fortune pour apporter sa contribution à la connaissance mutuelle des nations. Il constitua notamment des archives photographiques recensant les activités humaines de la planète au tournant du siècle. La France n'était que l'un des 38 pays couverts par ses équipes de photographes. Ceux-ci utilisaient le nouveau procédé autochrome permettant d'obtenir une forme rudimentaire de photographie en couleur qui donnait une image délicatement teintée fixée sur une grande plaque de verre.

Choisies parmi les 72 000 clichés de la collection Kahn, aujourd'hui propriété de l'État, les vues de la France rurale ici reproduites furent prises entre 1916 et 1921. Mais la plupart des scènes fixées sur la pellicule étaient encore courantes il y a cinquante ans.

Devant la cathédrale gothique de Saint-Paul Aurélien, ces paysans bretons, photographiés en 1920, ont amené au marché quotidien de Saint-Pol-de-Léon leurs charrettes chargées de choux-fleurs. Principale ressource de la région, ces choux-fleurs seront ensuite distribués dans toute la France.

**Couple d'ostréiculteurs du bassin
d'Arcachon:** depuis 1860, on immerge
dans la baie des tuiles enduites
d'un mélange de chaux et de sable où
se fixent les naissins d'huîtres. Une
fois garnies de larves, ces tuiles
sont transférées près du rivage dans
des cages où la croissance se poursuit.

A Esnandes, près de La Rochelle, un
mytiliculteur fait la pause. L'élevage
des moules se pratique depuis le
XIIIᵉ siècle. La méthode consiste
à planter des pieux dans le fond de la
mer, puis à les laisser se couvrir
de moules qui seront recueillies adultes
en barque plate à marée basse.

Scène de fenaison en Ile-de-France :
tirées par de puissants chevaux, ces
charrettes à deux roues sur un champ de
l'Ouest parisien servaient à collecter
la paille sèche qui était bottelée
par une lieuse à traction animale.
Chargées à la main, les balles étaient
ensuite entreposées au sec à la ferme.

Été 1916 dans le Morvan bourguignon :
hommes et femmes participent au
dur labeur de la fenaison. On retournait
le foin pendant plusieurs jours sous
le soleil pour le faire sécher, puis
il était rassemblé et entassé à la fourche
sur de grands chars à bœufs.

Près de Saint-Macaire en Aquitaine, ce fermier laboure son champ pour les semailles du printemps 1921 avec une charrue dont la forme a peu varié au cours des siècles. Bien que lents les bœufs étaient de bons animaux de trait qui revenaient moins cher à l'achat que les chevaux.

Dans un vignoble près de Clermont-Ferrand, une vendangeuse vide ses raisins dans la traditionnelle hotte sur les épaules d'un garçon dont la tâche était de parcourir les rangs de vignes. Le raisin, déversé dans des comportes, était ensuite acheminé vers la ferme.

En juin 1916, à Petit-Marjac en Dordogne, une fermière et ses six enfants s'apprêtent à aller faire les foins. Tous les membres valides d'une famille paysanne participaient aux tâches saisonnières. Le père, ici absent, était parti à la guerre.

En Aquitaine, non loin des Pyrénées, des ouvriers agricoles rassemblés autour de la moissonneuse lèvent leur verre durant la pause de midi. La machine était tirée de village en village par un tracteur. Son arrivée marquait le début des réjouissances mais aussi de rudes journées de travail.

UN ÉTAT CENTRALISÉ

De tous les pays occidentaux, la France a souvent été considérée comme l'État le plus centralisé, celui où le gouvernement prend en charge un grand nombre de questions qui dans d'autres pays sont du ressort des organisations locales ou du secteur privé. Le Français envoie souvent ses enfants dans les écoles et les universités d'État. Les hôpitaux sont un service public auquel il s'adresse ordinairement. En matière de transports ferroviaire et aérien, deux sociétés nationalisées lui offrent leurs prestations et il n'est pas rare que sa voiture sorte de la régie Renault. Il place son argent dans une banque nationalisée et fume des cigarettes dont l'État détient le monopole; et, dans la vie civique, jusqu'à une date récente, il lui fallait obtenir, pour construire une maison sur son propre terrain, fonder un club sportif ou artistique, ou bien pour ouvrir une boutique une autorisation délivrée non pas au niveau municipal mais préfectoral.

Toutes les ramifications du pouvoir convergent invariablement vers les innombrables services parisiens où est prise la presque totalité des grandes décisions nationales. Ce haut degré de centralisation, caractéristique des pays communistes, se rencontre rarement dans les démocraties libérales telles que la France et il faut remonter loin dans son histoire pour en saisir la genèse. Depuis que les Capétiens eurent rassemblé en une nation les diverses populations qui composent la France, ses dirigeants se sont toujours efforcés de maintenir une structure centralisée capable d'empêcher son éclatement.

Après 1789, et surtout avec Napoléon, ce processus a été renforcé grâce à la mise en place d'un système de gouvernement qui s'est perpétué presque jusqu'à nos jours et qui reposait sur les pouvoirs très étendus des préfets. Ces fonctionnaires, nommés par le gouvernement, étaient chargés de la gestion des quelque quatre-vingt-dix départements qui forment le découpage administratif du pays et auxquels viennent s'ajouter les «départements d'outre-mer».

La justification de ce système était au départ — et demeure — double. Il fallait, premièrement, une forte autorité centrale visant à garantir l'unité et la cohésion d'une nation disparate — car, s'il est vrai que la France apparaît comme une entité culturelle homogène, sa composition ethnique est en réalité très diversifiée et on y trouve aussi bien des Bretons d'origine celtique et des Alsaciens aux racines germaniques que des Catalans de filiation hispanique et des Normands descendant des Vikings. Deuxièmement, et cela est en liaison étroite avec cette politique pluriethnique, le besoin s'est fait sentir de doter la nation d'une forte cohésion afin de réduire les risques de conflit et d'éviter que ces tendances aux polarisations extrêmes n'aboutissent à une situation incontrôlable. L'État, qui joue un rôle de tampon ou d'arbitre, se porte garant de la stabilité entre parties rivales. Mais ce rôle devient à son tour générateur de tension — entre l'État et le citoyen cette fois. Pendant des siècles, les Français ont entretenu avec l'État un rapport d'amour-haine. Tout en se plaignant sans cesse de son ingérence, ils

Les 491 membres de l'Assemblée nationale attendent debout l'arrivée du président pour commencer les débats. L'usage politique des termes «droite» et «gauche», mondialement répandu, découle de la répartition des différents partis politiques dans l'hémicycle, par rapport à la tribune centrale.

3

n'ont cessé de se placer, vis-à-vis de lui, dans une position de demande.

Ce centralisme — que l'on appelle étatisme — fait depuis longtemps l'objet de critiques de la part des Français. Une opinion largement répandue consiste à penser que le pouvoir des technocrates nommés par le gouvernement est un facteur d'assoupissement du peuple et qu'il inhibe les initiatives locales, lorsque celles-ci ne se trouvent pas en butte à une opposition systématique.

Les gouvernants successifs n'ont pas éludé le problème et, depuis la dernière guerre, certaines mesures ont été prises dans le sens de la décentralisation. Mais on peut aussi bien affirmer que l'étatisme a eu des effets réellement positifs sur le pays, notamment en matière de planification économique. Entre les deux guerres, la pérennité de la fonction publique a salutairement compensé l'instabilité d'une série de gouvernements éphémères.

La France de cette période était écœurée par la décadence de la Troisième République et résolue à prendre un nouveau départ. Pourtant, en 1946, la Quatrième République, qui fut approuvée par référendum et dotée d'une nouvelle constitution, se révéla incapable d'éviter les fréquents changements de gouvernement dont avait souffert la précédente. La malheureuse Quatrième s'avéra aussi faible que la Troisième. Son échec se doit aux incessantes querelles entre les différents partis — socialiste, radical, démocrate-chrétien gaulliste et communiste —, qui formaient de précaires coalitions. Au cours des 12 années que dura la Quatrième République — de 1946 à 1958 —, le pays vit se succéder plus de vingt gouvernements. L'un des rares Premiers ministres énergiques fut le radical Pierre Mendès-France, qui entra en fonctions en 1954; il ne fit pas exception à la règle et ne se maintint que sept mois au pouvoir, faute d'obtenir,

Des policiers en service discutent lors d'une cérémonie à Paris. Deux forces sont chargées du maintien de l'ordre: la police nationale qui dépend du ministère de l'Intérieur et la gendarmerie, corps militaire assumant la police administrative du territoire.

sur les réformes qu'il préconisait, le concensus nécessaire.

A l'époque, on disait parfois de la France — à tort — qu'elle était «l'homme malade de l'Europe». Or, derrière cet apparent chaos politique, la croissance ne faiblissait pas et le pays pansait activement les blessures de la guerre. La reconstruction fut surtout prise en charge par la fonction publique et plus spécialement par le commissariat au Plan, organisme d'État dont la création, en 1946, est due au grand administrateur et économiste Jean Monnet qui dirigea une série de plans quinquennaux de modernisation de la France. La machine gouvernementale fut ainsi pourvue d'une ligne directrice et les fonctionnaires, véritables dirigeants de la nation, virent dans le même temps leur tâche mieux coordonnée. Certains d'entre eux étaient de sages bureaucrates accomplissant leur travail sans accroc, tandis que

d'autres, les technocrates, s'efforçaient parallèlement de faire de la France une nation moderne.

Rétrospectivement, la Quatrième République s'identifie à une période de profonds changements et de croissance, dont les observateurs retenaient surtout le caractère instable et indécis. Sa chute s'explique par son incapacité à résoudre les problèmes de décolonisation. En 1954, la France, dont le départ d'Indochine était inéluctable, dut s'en retirer honteusement après la cuisante défaite militaire que lui infligèrent à Dien Bien Phu les nationalistes communistes du Viet-minh. La même année, une insurrection éclata en Algérie, où vivaient plus d'un million de colons français sur une population indigène de 11 millions. Les différents gouvernements des quatre années qui suivirent ne cessèrent de proclamer que l'Algérie devait rester française et envoyèrent le contingent s'opposer

ORGANIGRAMME DU SYSTÈME PRÉSIDENTIEL

Sous la Cinquième République, la France a adopté un système de gouvernement présidentiel séparant nettement l'exécutif du législatif. La conduite de l'État revient au Président, élu au suffrage universel pour sept ans, qui nomme le Premier ministre, lequel à son tour constitue son gouvernement. Le Président fixe les grandes orientations mises en œuvre par le Conseil des ministres.

Le corps législatif se compose de deux chambres : l'Assemblée nationale, élue au suffrage direct pour cinq ans et le Sénat, élu au suffrage indirect, pour neuf ans qui approuve les lois mais ne peut les promulguer. Le Conseil des ministres soumet ses décisions à l'Assemblée qui peut, par une motion de censure adoptée par la majorité, faire tomber le gouvernement.

Les pouvoirs locaux reposent sur une structure à trois niveaux. Au niveau le plus bas, les conseils municipaux sont chargés de l'administration des 30 000 communes de France, du petit village aux grandes villes. Aux niveaux supérieurs, des conseils distincts représentent les 96 départements et les 22 régions qui regroupent chacune deux ou plus de ces départements. Les autorités locales, depuis l'application des mesures de décentralisation en 1982, ont vu leurs pouvoirs exécutifs et leur autonomie financière s'accroître de façon notable.

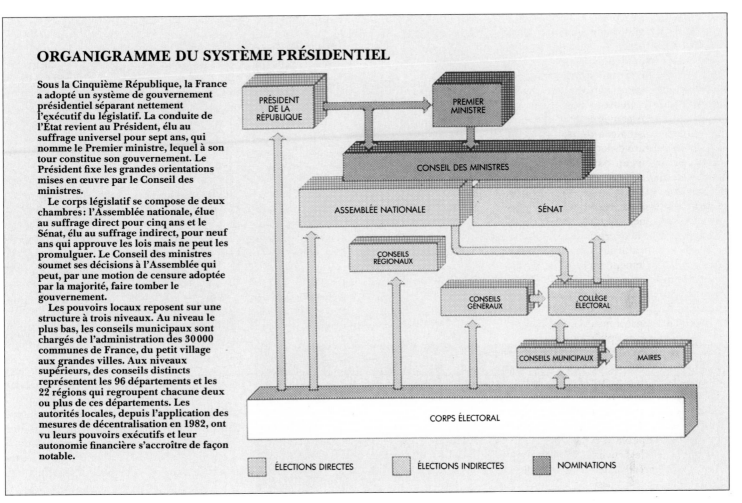

aux forces du FLN. Mais certains politiciens commencèrent, de leur côté, à admettre en privé qu'un dialogue devrait s'instaurer entre l'Algérie et la France. Or ni les chefs de l'armée française ni les colons ne l'entendaient ainsi. Et quand, en mai 1958, un nouveau gouvernement parut disposé à négocier avec les rebelles, le commandement des troupes stationnées en Algérie menaça d'envahir la France si on ne respectait pas le principe de l'Algérie française. La guerre civile semblait proche.

Cette crise fut de loin la plus grave en France depuis 1940.

Durant cette étape périlleuse, de nombreux Français avaient le sentiment que la situation ne pouvait être sauvée et l'unité restaurée que par l'intervention d'un seul homme — le général de Gaulle, le héros national. Après avoir dirigé le gouvernement provisoire précédant la Quatrième République, il vivait retiré dans sa propriété de Colombey-les-deux-Églises, en Haute-Marne. Il désapprouvait le complot

militaire mais il était un tenant de l'Algérie française. En revanche il était convaincu que les partis politiques ne pouvaient assurer à la France le gouvernement dont elle avait besoin. Il croyait nécessaire de modifier la Constitution et d'attribuer l'essentiel du pouvoir exécutif au chef de l'État.

Depuis longtemps il nourrissait le sentiment qu'il serait un jour rappelé au pouvoir et se trouvait donc prêt.

La nécessité alléguée par lui de changer de système de gouvernement pour faire

3

pièce à la menace d'un coup d'État militaire n'était guère convaincante pour tous. Mais la légalité démocratique fut au moins respectée. Le gouvernement en place démissionna et, le 1er juin, l'Assemblée nationale désigna de Gaulle comme Premier ministre. Ce dernier avait posé comme condition l'adoption d'une nouvelle constitution conférant au président de la République un mandat de 7 ans, ce à quoi il fut dûment satisfait par référendum en septembre. Au mois de décembre, de Gaulle fut élu à la tête de l'État. Ainsi naquit, sans grand regret pour la précédente, la Cinquième République.

Entre 1958 et 1962 où il fut au pouvoir, de Gaulle fit beaucoup pour la France. D'abord, il mit fin à la guerre d'Algérie. Persuadé que l'indépendance était une issue inévitable et que la fin justifiait les moyens, il fit foin, parmi ses propres partisans, de ceux qui l'avaient naïvement pris

pour un champion de l'Algérie française, et il noua avec les nationalistes des contacts qui aboutirent en 1962 à l'indépendance algérienne. Il y eut plusieurs révoltes fomentées par l'armée et les colons bien décidés à faire échouer les négociations, mais en vain. La plupart des pieds-noirs furent rapatriés.

Ensuite, de Gaulle rendit confiance à la France et restaura son prestige sur la scène internationale. Outre la stabilité politique intérieure grâce à lui retrouvée, il se fit le héraut d'une politique étrangère autoritaire, qui s'articulait autour du rôle moteur de la France dans le concert européen, et il redressa le franc considérablement affaibli par une dévaluation. En troisième lieu, à la suite du renforcement de l'autorité présidentielle, il mit en œuvre les réformes économiques et sociales qui s'imposaient et que la fragilité des gouvernants de la Quatrième République ne leur avait pas

permis d'assurer. Certaines de ces réformes consistaient en d'ambitieux projets, tels que la modernisation de l'agriculture. D'autres, de moindre envergure, n'en révélaient pas moins le climat nouveau de la France sous de Gaulle: ainsi en est-il du décret promulgué à l'instigation d'André Malraux sur le ravalement des façades des édifices et immeubles parisiens, qui rendit à la ville son éclat d'antan.

Le style incisif et autoritaire de de Gaulle ne lui avait pas gagné que des amis et son trop grand attachement à des entreprises de prestige et à une conception controversée de la grandeur nationale était loin de faire l'unanimité. Mais aujourd'hui les Français reconnaissent que son action aura été globalement positive. Il inaugura un système technocratique fort différent de celui de la Quatrième République. Il recrutait ses principaux ministres moins parmi les politiciens que dans la fonction publique. Deux des plus remarquables d'entre eux, Edgard Pisani et Pierre Sudreau, étaient d'anciens préfets. Georges Pompidou et Maurice Couve de Murville, qui occupèrent chacun les fonctions de Premier ministre, venaient, respectivement, du secteur bancaire et de l'horizon diplomatique. La France doit ainsi à de Gaulle d'avoir renouvelé un personnel politique qui s'était par trop discrédité sous la Quatrième République.

Il y a plus: il gouvernait très souvent par décrets et faisait peu de cas du Parlement (il n'a jamais caché son mépris pour les partis politiques, et même pour certains gaullistes, membres de sa propre formation). Ce dédain, jugé antidémocratique, soulevait de nombreuses critiques. Mais de Gaulle avait une idée très personnelle de la démocratie qui consistait à recourir directement au peuple par voie de référendum sur les questions importantes. Il en organisa cinq au total et obtint un large consensus aux quatre premiers. Mais cette prati-

Ces gardes républicains, vêtus de leurs magnifiques uniformes Louis XV pour une cérémonie officielle, paradent devant la fontaine Apollon à Versailles. La garde républicaine est un corps d'élite chargé de la sécurité dans les bâtiments officiels tels que l'Assemblée nationale, entre autres.

UN PRÉSIDENT DE GRANDE ENVERGURE

Le président Charles de Gaulle prenant la parole à Bonn, au cours d'un voyage officiel en Allemagne fédérale en 1962. Son utilisation vigoureuse des médias fut une des principales causes de sa popularité, et on a dit de lui qu'il était «la plus grande vedette de la télévision française».

Chef de l'État de 1958 à 1969, de Gaulle utilisa avec virtuosité les possibilités offertes par la nouvelle constitution et donna à son pouvoir une allure monarchique. Par méfiance à l'égard du Parlement et des partis, il recourut à la pratique de la démocratie directe, établissant un dialogue avec l'opinion et recourant fréquemment au référendum.

La réussite de cette politique tint aussi à la séduction de son éloquence et à un art consommé dans l'utilisation des médias, radio et télévision.

En 1962, il réussit ainsi à vaincre l'opposition des formations politiques à l'élection du président au suffrage universel et obtint l'assentiment de la majorité du corps électoral. Un référendum permit de faire triompher son projet par 62 p. cent des voix. L'élection directe du président de la République reste toujours inscrite dans la Constitution.

3

que se retourna finalement contre lui: en avril 1969, le référendum sur la réforme régionale et sénatoriale lui fut contraire. Face à ce résultat, qu'il interpréta comme l'expression d'une perte de la confiance que le peuple avait placée en lui, il démissionna et le départ de cet homme de 78 ans ne suscita pratiquement aucune réaction.

Son successeur, Georges Pompidou, qui avait été très proche de lui, resta fidèle aux grandes orientations de sa politique et gouverna la France prospère du début des années 1970. A sa mort, en 1974, l'électorat, d'humeur réformiste, appela de ses suffrages Valéry Giscard d'Estaing, un non-gaulliste énigmatique qui inaugura son mandat par une démonstration de «libéralisme libéral» qu'il dut peu après infléchir pour s'attaquer prioritairement à la crise économique résultant de la récession mondiale de la fin des années 1970. Aux élections présidentielles de 1981, il fut battu par le socialiste François Mitterrand. Après vingt-trois ans de gouvernement de centre-droite, la France basculait à gauche et le nouveau président entama un important programme de réformes.

Le système présidentiel instauré par de Gaulle survécut à ces changements et demeure encore en place de nos jours. Il s'agit d'un mode de gouvernement original et assez controversé. Le président, élu au suffrage universel direct, cumule la direction de l'État et de l'exécutif. Il peut être réélu; mais s'il décède ou se retire, de nouvelles élections doivent intervenir, car il n'y a pas de vice-président. Sa résidence officielle, le palais de l'Élysée qu'occupa jadis madame de Pompadour, maîtresse de Louis XV, est régie par un protocole complexe et un certain sens de l'apparat, tels les gardes républicains qui en contrôlent l'accès. Les tentatives de Giscard d'Estaing visant à alléger ce formalisme — comme par exemple ses apparitions publiques en manches de chemise ou les invitations

faites aux éboueurs à venir prendre le petit déjeuner à l'Élysée — ne furent guère appréciées; les Français, dans l'ensemble, préfèrent voir leurs présidents observer une certaine dignité distante.

Le président désigne le Premier ministre qui à son tour constitue son cabinet ministériel dont les membres peuvent varier d'une douzaine à une cinquantaine. La répartition du pouvoir entre le président et le Premier ministre est parfois assez floue et peut aller jusqu'à les mettre en conflit. Pour l'essentiel, c'est le président qui fixe les orientations politiques, cependant que son Premier ministre en assure l'exécution ainsi que la liaison avec les différents ministères. En vertu d'une modification introduite par de Gaulle, le président exerce une autorité directe sur la Défense et contrôle personnellement l'action du ministre des Relations extérieures.

Les rapports entre le président et le Premier ministre varient selon les personnalités en jeu. En règle générale, ils se maintiennent harmonieux lorsque le président prend soin de choisir un homme qui lui est tout dévoué. Mais si le Premier ministre entre en désaccord avec la politique présidentielle, si une antipathie se fait jour entre les deux hommes, ou encore si le Premier ministre nourrit l'ambition de parvenir lui-même à l'Élysée, leur rivalité peut mener à un affrontement. Une telle situation se produisit entre Giscard d'Estaing et le gaulliste Jacques Chirac, qui fut Premier ministre de 1974 à 1976. Le président, qui peut alors révoquer son ministre, exerce souvent ce recours.

Le chef du gouvernement est en fait le serviteur de deux maîtres car il se trouve également responsable devant le Parlement. Celui-ci se compose de deux chambres: l'Assemblée nationale qui compte quelque 490 députés élus au suffrage universel pour une période de cinq ans, et le Sénat, chambre haute où siègent 315 séna-

teurs élus par les conseillers locaux. Il entre dans les attributions du Sénat d'amender les projets de loi que lui soumet l'Assemblée nationale mais il ne peut repousser un projet de loi accepté en seconde lecture par la chambre basse. Les rapports entre le président et l'Assemblée sont empreints d'une certaine ambiguïté car tous deux tiennent leur mandat du vote populaire; mais le président peut, lorsqu'il le souhaite, dissoudre l'Assemblée, sous réserve de ne pas utiliser ce recours plus d'une fois l'an. La Constitution l'autorise de surcroît, en cas de crise nationale grave, à s'attribuer les pouvoirs spéciaux, grâce à l'article 16 qui lui permet de gouverner de sa propre autorité — disposition dont s'est servi une seule fois de Gaulle, en 1961, pour réprimer le putsch fomenté par le général Challe, en Algérie.

Le système présidentiel conçu par de Gaulle a, dans l'ensemble, bien fonctionné et s'est révélé populaire. En vérité, il l'avait façonné à sa mesure, en militaire habitué à commander et l'on peut redouter, dans le cas où cette fonction suprême échoirait à un homme plus faible ou incapable de séduire, un affaiblissement de l'autorité présidentielle. Certains Français pensent même que la Constitution accorde au président trop de pouvoir direct à l'égard de l'administration, ce qui contribue à renforcer le centralisme d'État. On avance aussi que — comme il arrive habituellement — lorsque la coloration politique du président et de la majorité à l'Assemblée nationale est semblable, le Parlement ne sert plus guère qu'à entériner les décisions présidentielles. En tout cas, il est certain que le Parlement pèse moins sur les destinées du pays que, par exemple, la Chambre des communes en Grande-Bretagne ou que le Congrès des États-Unis.

Il reste qu'une opposition entre le président et l'Assemblée peut donner lieu à une situation conflictuelle. Leurs

UN PRINTEMPS CHAUD

Mai 1968 est passé à la postérité comme un mouvement de contestation radicale qui faillit renverser le général de Gaulle. Les troubles commencèrent le 2 mai à Nanterre, où l'université fut fermée à la suite de manifestations contre la guerre du Viet-nam.

Les protestations eurent un écho immédiat à Paris où, dès le lendemain, les étudiants occupèrent la Sorbonne. Le recteur fit appeler la police, mais cette initiative aggrava le conflit. Les incidents les plus violents eurent lieu durant la nuit du 10 mai appelée «Nuit des barricades», qui vit se dérouler une bataille rangée au Quartier latin. Il y eut quatre cents blessés et près de deux cents voitures endommagées ou brûlées.

La révolte gagna bientôt les universités de province et le milieu ouvrier, où les éléments gauchistes, débordant les syndicats, déclenchèrent, à partir du 13 mai, une grève qui paralysa le pays. Le 25 mai, on comptait 10 millions de grévistes.

A un moment donné, il sembla que de Gaulle était acculé à la démission mais, le 30 mai, assuré de l'appui de l'armée, il fit dissoudre l'Assemblée et annonça des élections pour la fin juin. Une réaction conservatrice se manifesta alors et le parti gaulliste sortit du conflit avec une majorité accrue.

Entre-temps (27 mai), les accords de Grenelle avaient été signés entre le gouvernement et les syndicats. A l'automne, enfin, la loi Édgar Faure, annonçait une réforme profonde de l'université.

En mai 1968, des étudiants masqués et maculés de peinture rouge sang promènent tête en bas un mannequin habillé en policier afin de protester contre les nombreuses brutalités commises par les forces de l'ordre.

Au plus fort des émeutes, bataille nocturne entre policiers et étudiants : ceux-ci ont dressé une barricade de voitures en flammes.

Manifestation massive des gaullistes le 30 mai à l'Arc de Triomphe.

Policiers casqués repoussant des manifestants à la grenade lacrymogène.

3

mandats respectifs — 7 et 5 ans — coïncident rarement d'où il découle la possibilité d'une hostilité entre eux, situation qui rendrait le pays virtuellement incontrôlable, en raison de l'ampleur de l'écart entre la droite et la gauche.

Sous la Cinquième République, les principaux partis politiques se sont regroupés en quatre grandes formations qui s'opposent en deux grandes coalitions. A gauche, les socialistes et les communistes; à droite, les gaullistes et les non-gaullistes — cette dernière catégorie, du reste assez floue, a reçu l'appellation de «giscardienne», du nom du président qui a rallié ses suffrages. Les liens entre gaullistes et giscardiens sont fluctuants et complexes, et on ne peut véritablement déterminer laquelle des deux formations se situe à droite de l'autre. Elles ont une évolution parallèle et, politiquement, leurs nombreux sympathisants vont de la droite conservatrice aux libéraux réformistes. Leurs différences ressortissent principalement à la diversité de leurs allégeances historiques et personnelles.

Le parti gaulliste — aujourd'hui Rassemblement pour la République (RPR), après avoir été plusieurs fois rebaptisé — a soutenu la politique du général de Gaulle jusqu'à sa démission en 1969; par la suite regroupé autour de son nouveau chef Jacques Chirac — le bouillant maire de Paris —, ce parti s'orienta vers une sorte de néo-gaullisme moins bien défini, de tendance nationaliste, et méfiant à l'égard de l'OTAN, de l'intégration européenne et de l'influence américaine. Sur le plan intérieur, la plupart de ses dirigeants sont favorables à des réformes sociales, comme l'était de Gaulle. Le RPR recrute ses voix dans toutes les classes de la société et compte de nombreux ouvriers dans ses rangs. Parmi ses plus anciens partisans, les gaullistes nostalgiques du général et de ses idéaux sont encore légion, tandis que les

jeunes générations ont plus tendance à suivre Jacques Chirac dans sa croisade visant à sauver la France de la «catastrophe» que constitue, à ses yeux, le gouvernement de la gauche.

Les non-gaullistes se présentent comme une mosaïque de groupes et de partis sans autre unité réelle que leur aversion du gaullisme. Certains se réclament de la droite authentique, celle dont le passé tient à la nostalgie de la révolution nationale du maréchal Pétain, cependant que d'autres ont vu le jour, de manière radicalement différente, au sein du MRP de l'après-guerre. Vers le milieu des années 1970, ces éléments se sont regroupés au centre de l'éventail politique en une coalition unique cimentée par leur appui au réformisme de Giscard. Les giscardiens sont moins nationalistes que les gaullistes mais leur origine sociale — de l'homme d'affaires au jeune employé en passant par l'agriculteur — est tout aussi diversifiée. Gaullistes et giscardiens s'opposent en permanence; mais qu'ils soient ou non au pouvoir, leur ennemi commun reste la gauche.

Le fossé idéologique qui sépare les socialistes des communistes se traduit par des rivalités beaucoup plus profondes, qui remontent à la fondation du parti communiste français en 1920. Chaque parti a besoin des voix de l'autre et ils sont ainsi condamnés à s'associer, en dépit de leurs divergences. Le parti socialiste, ouvert et souple, est un aimable concert, parfois discordant, de voix diverses, qui ne craint pas d'organiser des débats publics sur ses principales orientations. Parti bigarré, l'aile marxiste y coexiste avec une forte tendance réformiste qui prône une économie de type mixte où se combinent secteur nationalisé et concurrentiel. Ses destinées ont connu un cours changeant; il a traversé des périodes de reflux comme lors des élections de 1968 où il n'obtint que 16 p. cent des voix, pour devenir en 1981 le

parti le plus important de France avec 36 p. cent des voix. Ses électeurs pour l'essentiel sont des ouvriers, de jeunes employés, des enseignants, mais il attire aussi les membres de nombreuses autres professions et même des milieux d'affaires.

Le parti communiste français, bien qu'aujourd'hui en recul, reste le plus important d'Europe après le parti communiste italien. Il a récemment abandonné l'idée de prendre le pouvoir par la révolution et se montre désormais un peu moins inféodé à l'Union soviétique qu'au lendemain de la guerre. Son appareil conserve néanmoins un caractère fortement discipliné et secret, et, malgré de brefs sursauts de libéralisation, il ne s'est pas vraiment dégagé du modèle soviétique. Le siège de son secrétariat général, installé dans un édifice moderne du XIXe arrondissement à Paris, a été surnommé le «bunker» en raison de l'austérité bétonnée de son immense salle souterraine. C'est là que sont prises les décisions, par le comité central, une oligarchie sur laquelle la base a peu d'influence.

Eu égard à l'esprit cryptique qui règne chez ses dirigeants, on ne sera peut-être pas surpris de constater que son assise électorale s'est lentement mais sûrement réduite, passant du sommet de l'après-guerre — 25 p. cent — à 16 p. cent en 1981. Toutefois, il continue de recueillir des voix émanant de toutes les classes sociales. Les ouvriers se sentent attirés par lui à cause de ses liens avec la Confédération générale du travail (CGT) — principal syndicat de France —, qui a toujours lutté efficacement pour les augmentations de salaire et l'amélioration des conditions de travail. La fraction la plus âgée de son électorat se souvient du rôle éminent des communistes pendant la Résistance. Plus près de nous, le parti s'est distingué par la qualité de sa gestion dans les communes où il contrôle les conseils municipaux. De plus, il a

toujours constitué un pôle d'attraction pour les protestataires et a profité du vieil esprit révolutionnaire français qui pousse de nombreux électeurs — étudiants et intellectuels notamment — à mettre, par tradition, un point d'honneur à voter à gauche, quelle que soit l'orientation actuelle du parti.

Ce conservatisme relatif est en soi symptomatique, car l'antiparlementarisme violent qui avait jadis marqué la vie politique française s'est dernièrement atténué. Les mouvements d'extrême droite qui furent très actifs avant et pendant la Deuxième Guerre mondiale, ainsi qu'au cours des dernières phases du drame algérien, ont presque disparu de l'avant-scène politique. Il en est de même pour les groupes militants gauchistes qui firent tant parler d'eux lors de mai 1968. Mais si la menace qu'ils faisaient peser sur la démocratie s'est estompée, subsiste toujours le vieil antagonisme entre la droite et la gauche, qui divise la nation en deux blocs hostiles et rend tout consensus très difficile à réaliser. Ce fossé a pour effet de diminuer considérablement le poids politique du centre, bien que cette tendance reste très représentative au sein de la population.

Dans ces conditions, on observe que l'alternance du pouvoir — signe de santé dans une démocratie — ne se réalise que difficilement en France. Une des causes des 23 ans d'accaparement du pouvoir par le centre-droite — du retour de de Gaulle en 1958 à la victoire de l'union de la gauche de 1981 — tient à la méfiance de l'électorat à l'égard d'un changement qui lui semblait risqué en raison de l'abîme séparant la droite de la gauche. Mais lorsque finalement l'alternance joua, le transfert du pouvoir s'effectua en douceur. Dans la fonction publique, les socialistes remplacèrent, comme prévu, les responsables d'un bon nombre de postes clés, mais les institutions continuèrent leur marche

régulière. La plupart des fonctionnaires reprirent calmement leur travail, sans que les options politiques du nouveau gouvernement impriment à leur routine, et à la vie nationale, de grands bouleversements.

La continuité administrative est essentielle au bien-être de la France, étant donné que le gouvernement dépend, comme dans bien d'autres pays, des hauts fonctionnaires pour la gestion des affaires de la nation. Mais le mode de recrutement du personnel de l'administration au niveau supérieur est typiquement français: il repose sur un système complexe de méritocratie, grâce auquel les leviers du pouvoir restent entre les mains d'environ une douzaine d'organismes nationaux appelées les grands corps de l'État. Chacun d'eux remplit une fonction précise — la vérification des

comptes de la nation, par exemple —, mais ils servent aussi de pépinières où l'État et l'industrie puisent leurs grands administrateurs. Doués de pérennité et ne comportant que des effectifs réduits, ils dominent en large part la vie publique d'un pays où le technocrate est devenu, à tout le moins depuis la Révolution, une figure puissante.

Le terreau des grands corps de l'État est à chercher dans le système d'éducation française. Le *nec plus ultra* de la fonction publique et des grands corps techniques de l'État se recrute moins dans les universités au prestige relativement peu élevé que dans une poignée de petites institutions plus exclusives, les grandes écoles. La plus réputée, l'École polytechnique, qui forme des ingénieurs, à présent installée dans la banlieue parisienne, a été fondée par Napoléon Ier et on y observe encore une discipline paramilitaire; l'École nationale d'administration (l'ENA) a été créée, elle, en 1945, pour servir à la formation des futurs hauts fonctionnaires. De 10 à 15 p. cent des meilleurs élèves de ces écoles intègrent chaque année les grands corps de l'État. Une fois admis — en partie par cooptation — dans ces sortes de confréries privilégiées, ils en restent membres à vie tout en conservant le droit de travailler pour d'autres employeurs.

Les grands corps de l'État se divisent en deux camps rivaux, «techniques» ou «administratifs». Les premiers comprennent le corps prestigieux des Ponts et Chaussées, chargé des ouvrages d'art, des routes et autres travaux publics; à sa tête se trouvent des ingénieurs formés à l'École polytechnique. On observe souvent la présence d'éléments des grands corps de l'État dans les sociétés nationalisées, comme la SNCF ou Renault, ou même dans le secteur privé. Ces polytechniciens — les X, ainsi nommés d'après l'insigne à deux canons croisés de leur école — constituent

3

un clan puissant, fortement uni par l'esprit de corps qui les pousse à donner la préférence à un ancien élève de l'école quand un poste est à pourvoir.

Les «administratifs», émanant principalement de l'ENA, exercent un pouvoir supérieur car leur poids politique est plus déterminant. Les corps les plus importants sont, d'une part, le Conseil d'État, haute instance juridique, et d'autre part, l'Inspection des finances et la Cour des comptes, chargées de la comptabilité nationale. Mais le jeune et ambitieux nouveau venu ne s'attardera probablement pas longtemps à un travail si routinier; il utilisera vraisemblablement le prestige que lui confère l'appartenance à un grand corps de l'État comme tremplin pour entamer une carrière publique. Peut-être fera-t-il partie du cabinet d'un ministre et se consacrera-t-il ultérieurement à la politique, ou encore gravira-t-il rapidement les échelons de la fonction publique. De nombreux personnages politiques importants entretiennent des liens multiples avec les grands corps de l'État — entre autres Jacques Chirac, qui fit ses débuts à la Cour des comptes, ou Valéry Giscard d'Estaing, pur produit du système de par sa double qualité de polytechnicien et d'énarque, qui fut l'un des 300 membres de l'Inspection des finances.

La carrière d'un inspecteur typique illustre bien l'attrait que peut exercer sur ses bénéficiaires la liberté d'emploi offerte par le système: fils d'écrivain, Pierre Achard naquit à Paris en 1934; il fréquenta l'un des meilleurs lycées parisiens avant d'intégrer l'ENA dont il sortit avec un rang assez brillant pour se tourner vers l'Inspection des finances. «J'ai opté pour cette carrière, dit-il, par désir de servir mon pays. Et je dois reconnaître aussi que les traitements y sont excellents.» Après avoir accompli les quatre années initiales obligatoires dans ce corps où il fut

particulièrement chargé de l'emploi des crédits budgétaires de la ville d'Orléans, il put s'orienter vers d'autres domaines de l'administration. Il occupa d'abord un poste officiel dans le cadre de la Communauté économique — Pierre Achard est un ardent défenseur du Marché commun —, puis entra successivement dans le cabinet de deux ministres.

Il aurait fort bien pu utiliser son expérience pour faire une carrière politique, mais il écarta cette voie, et lui préféra la carrière diplomatique. Il devint conseiller financier à Bonn, avant de revenir à la CEE à un poste cette fois plus élevé. Après la victoire de la gauche en 1981, il se sentit politiquement mal à l'aise au sein du gouvernement et entra de nouveau à l'Inspection, ainsi que le lui permettait son statut. Un inspecteur des finances n'est jamais en quête d'emploi.

Ce système, qui sert si bien les intérêts de ses protégés, sert aussi ceux de la nation. Les grands corps de l'État attirent bon nombre des meilleurs cerveaux du pays, lequel se trouve ainsi doté de hauts fonctionnaires d'élite bien payés, qui font généralement preuve d'un sens élevé du devoir. La souplesse du système permet au talentueux et énergique nouveau venu d'utiliser diversement ses compétences — et ce à un âge précoce, alors qu'il bouillonne d'idées nouvelles et de volonté de réforme. Et comme les postes sont très diversifiés, tant dans le secteur nationalisé que privé — des ministères aux banques en passant par les entreprises privées —, le réseau de liens personnels prend toute sa valeur lorsqu'il s'agit de court-circuiter le maquis administratif où s'égare le citoyen ordinaire. L'esprit de corps et le langage commun qui les unissent créent entre eux une solidarité efficace.

Les inconvénients de ce système lui ont cependant valu d'âpres critiques. On lui reproche notamment de creuser, dans

presque tous les corps publics, un abîme entre les strates privilégiées et les subalternes. Il est ainsi malaisé, en partant du niveau moyen, de gravir les échelons par son propre mérite; ceux qui ne sont pas sortis des grandes écoles ont peu de chances de s'élever dans la hiérarchie, quelles que soient leurs compétences réelles. Ce manque de perspectives d'avenir engendre inévitablement frustration, apathie et absence d'initiative parmi les fonctionnaires subalternes. La sélection à l'entrée des grandes écoles fait aussi l'objet de maintes critiques. En théorie, elles sont ouvertes à tous et les concours d'admission et de sortie y sont anonymes. En pratique, toutefois, ceux qui franchissent ces obstacles sont généralement issus de la bourgeoisie et, dans le cas de l'ENA, ils habitent la région parisienne. Les enfants de familles cultivées sont mieux armés pour affronter le difficile concours d'entrée.

De plus, on déplore fréquemment le peu de contact des énarques avec les réalités quotidiennes, aussi brillants et efficaces soient-ils, car, dès leurs études terminées, ils sont catapultés derrière un grand bureau. La distance entre le technocrate et la réalité de la vie quotidienne est telle qu'on a tendance à le percevoir comme un personnage un peu abstrait, arrogant dans ses décisions et convaincu de la supériorité de son savoir. Dernièrement, des tentatives de réforme ont été faites en réponse à certaines de ces critiques — en particulier pour élargir les effectifs des grandes écoles mais elles ne se sont pas encore traduites par des effets vraiment tangibles.

Le système de gouvernement à l'échelon local est, quant à lui, en pleine mutation. Sa structuration à trois niveaux comprend, en bas, la division du pays en 36 000 communes, dont la plupart sont des villages, mais qui incluent aussi de grandes villes comme Lyon et Bordeaux. Chaque

Défilé du 14 juillet en grand uniforme
des élèves de l'École polytechnique.
Fondée en 1794, pour former des
ingénieurs militaires, l'école a gardé
sa saveur martiale, mais presque
tous ses anciens élèves vont aujourd'hui
travailler dans le secteur privé
ou dans la fonction publique.

Défilé du 14 juillet en grand uniforme des élèves de l'École polytechnique. Fondée en 1794, pour former des ingénieurs militaires, l'école a gardé sa saveur martiale, mais presque tous ses anciens élèves vont aujourd'hui travailler dans le secteur privé ou dans la fonction publique.

commune comporte un conseil municipal élu par les habitants et un maire, que les conseillers choisissent dans leurs rangs. Les maires sont ordinairement des notables locaux et constituent les représentants de l'État qui, depuis 1982, leur verse une indemnité pour leur permettre de consacrer plus de temps à leurs fonctions.

Au niveau moyen, le pays est découpé en 96 départements qui sont intégrés dans des ensembles plus grands appelés circonscriptions d'action régionale ou régions, lesquelles, au nombre de 22, délimitent, depuis 1964, les zones administratives du pays. Les départements ont longtemps été administrés par des conseils directement élus. Le programme de décentralisation des socialistes, lors de leur victoire en 1981, prévoyait de doter aussi les régions d'un système d'assemblées élues au suffrage universel.

Ces réformes, «la grande affaire» de la présidence de Mitterrand, selon les termes employés par le Premier ministre Pierre Mauroy, visaient à un transfert plus réel du pouvoir de Paris aux provinces, entraînant la diminution de l'autorité des préfets. Ces gardiens des intérêts de l'État avaient jusque-là limité de façon stricte la liberté d'action des conseils généraux en les maintenant sous leur tutelle vigilante. Leurs attributions consistaient à assurer le respect de la loi, à contrôler la police locale, à superviser l'action des communes situées dans leur juridiction et à coordonner, à l'intérieur de celles-ci, les activités

3

Les conseillers municipaux d'un village de Normandie s'apprêtent à ouvrir leur séance, sous le buste de Marianne. Financés en partie par l'État et en partie par les recettes des impôts locaux, ils élisent eux-mêmes leur maire, notable influent qui souvent occupe ce poste durant des décennies.

des différents services. Les préfets, traditionnellement logés dans la majestueuse résidence préfectorale de chaque chef-lieu de département, tenaient leur rang non sans apparat, et paraissaient aux dîners et réceptions officiels vêtus du traditionnel habit bleu et or. Afin de prévenir tout enracinement de leur pouvoir régional, ils étaient régulièrement mutés dans une autre préfecture.

Ce système, dont le caractère autocratique suscitait de fréquentes critiques, présentait certes de nombreux aspects positifs; il constituait un facteur de stabilité aux époques troublées et d'assistance pour l'État dans le lancement de projets économiques régionaux. Peu à peu, toutefois, il était devenu le symbole de l'ingérence de la capitale dans les affaires locales et, de ce fait, éveillait une hostilité croissante à son égard. Conformément aux réformes socialistes, les préfets sont désormais des commissaires de la République et, bien qu'ils aient conservé certaines obligations protocolaires, leurs pouvoirs ont été substantiellement restreints.

Dans le nouveau système, le budget des communes ne doit plus être soumis à l'approbation préfectorale; la contribution de l'État au financement de l'administration locale est désormais directement versée au maire et à son conseil sous forme d'une enveloppe globale. Simultanément, les régions et les départements ont vu leurs pouvoirs s'accroître. La répartition des différents niveaux de responsabilité locale s'établit donc comme suit: les circonscriptions d'action régionale sont chargées de la planification économique et des affaires culturelles; les départements s'occupent des problèmes sociaux et de l'administration, cependant que les communes traitent elles-mêmes localement les questions ayant trait au logement, à l'environnement et aux services. Mais l'État reste le maître d'œuvre des grands projets d'intérêt natio-

nal tels que le site et la construction des centrales nucléaires.

La meilleure répartition du pouvoir entre Paris et le reste du pays consécutive à ces réformes n'est que l'une des facettes d'un plus vaste renouveau des provinces qui se sont considérablement réaffirmées à tous points de vue: démographique, économique, culturel et politique. L'époque immédiatement postérieure à la guerre est lointaine où l'on pouvait entendre les experts parler du «désert français» pour désigner les régions dépeuplées hors de l'agglomération parisienne. Ce processus avait commencé en réalité pendant la guerre, sous le gouvernement de Vichy, qui avait entraîné un affaiblissement de Paris par la division de la France en deux zones. Après 1945, les provinces furent favorisées par un ensemble de facteurs: le contrecoup de l'exode rural massif vers les villes,

l'accroissement du taux de natalité et l'expansion industrielle.

Pour une fois, Paris ne fut pas en mesure d'accaparer la totalité de la richesse et de l'activité nouvelles; sa conurbation continue de croître, mais à une allure moins vive que d'autres villes, dont plusieurs doublèrent ou triplèrent leur population durant les décennies d'après-guerre. Le gouvernement lui-même contribua à cette renaissance, grâce à une politique concertée encourageant les nouvelles industries à s'implanter en province et incitant celles de Paris à quitter la capitale. Plusieurs grandes écoles ont été ainsi transférées. Le réseau de communications est devenu moins centralisé et les temps ont cessé où il était plus rapide, pour un Toulousain, de transiter par Paris pour gagner Lyon — une distance de 1 098 kilomètres — que de franchir les 547 kilomètres de routes de campagne plus directes.

Des villes telles que Rennes et Grenoble, jadis ensommeillées, ont retrouvé une vie nouvelle grâce à l'implantation d'usines modernes et d'universités en plein essor. La culture n'a pas non plus été oubliée. Paris commence à perdre son quasi-monopole artistique et intellectuel notamment dans le domaine du théâtre et de la musique. Et le vieux snobisme anti-provincial des Parisiens est désormais supplanté par une certaine attitude de rejet à l'égard de la capitale, du moins parmi les jeunes. Les tensions du monde moderne ont rendu la vie à Paris si trépidante que certains cadres émigreraient volontiers dans une ville plus petite, et plus méridionale. Par un curieux renversement, il est désormais presque de meilleur ton d'habiter et de travailler, disons, en Avignon, que dans le quartier de Montparnasse.

On constate aussi, en liaison avec ce renouveau, un épanouissement de la conscience régionale, notamment dans les provinces ayant forte identité historique et ethnique comme la Bretagne, le Languedoc ou l'Alsace. Comme ailleurs en Europe, les hommes font retour vers leurs microcosmes et leurs traditions, par réaction à l'uniformité de la société de consommation. On assiste en France à un regain d'intérêt pour la culture folklorique et les langues vernaculaires, et l'impulsion vient souvent des jeunes.

Dans l'ensemble, on peut considérer le renouveau provincial et les réformes de la décentralisation comme des réactions contre la vieille tradition du pouvoir centralisé, remise en question avec de plus en plus d'acuité par la nation tout entière durant les décennies pacifiques et prospères de l'après-guerre. Mais cette tendance hostile à l'étatisme ne peut véritablement prendre son essor s'il n'est assorti d'un changement fondamental dans la vie française. La propension existe encore à

attendre l'initiative de l'État-providence dans presque toutes les entreprises sociales, si modeste qu'elles soient, comme par exemple la fondation d'un centre communautaire local ; et si l'État oppose un refus, les auteurs des projets s'activent à faire signer de rageuses pétitions plutôt que de tenter de réunir les fonds par eux-mêmes. Il faudra que s'implantent ces habitudes de participation directe de la part des citoyens à l'administration si l'on veut que le système se transforme réellement. Fort heureusement, on a vu récemment apparaître les signes évidents d'une telle évolution dans la place accordée désormais à ce que les Français appellent la vie associative, c'est-à-dire la coopération locale spontanée en vue de trouver des solutions à des problèmes spécifiques. Seul le pays profond pourra enraciner cette attitude — à quand la moisson ?

Un partisan du Front national de libération de la Corse agite, au-dessus d'un mur portant l'inscription « Colons dehors ! », le drapeau à l'effigie mauresque, blason de la Corse depuis 1761 et aujourd'hui emblème du mouvement séparatiste. Celui-ci constitue, parmi les habitants de l'île, une minorité contestataire et souvent violente ; pendant la seule année 1980, il a revendiqué plus de 450 attentats à la bombe ou par d'autres moyens.

4

L'EXPANSION ÉCONOMIQUE

René Hémon a quitté l'école à l'âge de 13 ans, au cours des années 1930. Son père, qui possédait une petite ferme en Beauce, l'initia dès son plus jeune âge aux travaux agricoles. Lorsqu'il rentrait de classe, il y avait toujours quelques menues besognes à accomplir à l'étable, à l'écurie ou dans la porcherie. Comme le fait remarquer René: «Je me détendais en travaillant.»

A cette époque la famille Hémon n'imaginait pas que la vie puisse être différente. L'avenir lui a donné tort. Depuis qu'il a pris en main la mise en valeur de la propriété, après la dernière guerre, René a pu constater que la gestion d'une exploitation agricole — et c'est le terme qu'il convient d'appliquer à présent — a évolué au même titre que toute l'économie du pays à une vitesse inouïe, à travers une série de transformations profondes.

L'histoire de la famille Hémon en est l'illustration. Lorsqu'il prendra sa retraite, aucun des enfants de René n'assurera sa succession à la ferme. Sa femme et lui n'ont rien épargné pour l'éducation de leurs quatre garçons qui ont fait de bonnes études secondaires dans un internat privé en Vendée. Ensuite l'aîné, François, est entré dans une école d'ingénieurs à Paris. Il exerce à présent son métier dans une filiale de la régie Renault située dans la ville nouvelle d'Evry, Jean-Louis, d'un an son cadet, enseigne dans un établissement pour enfants handicapés mentaux. Le troisième garçon, Jacques, est journaliste. Seul le dernier, Marc, manifeste quelque intérêt pour l'agronomie. Il suit des cours de biologie à La Rochelle; lorsqu'il aura obtenu son diplôme, il compte se spécialiser dans l'analyse des sols.

Les Hémon sont fiers d'avoir pu donner à leurs enfants la possibilité de développer pleinement leurs capacités. Pourtant, la vie qui attend la nouvelle génération, loin de la ferme, suscite chez René des commentaires quelque peu désenchantés. «La vie citadine rend la vue étroite», dit-il. «Tout ce que veut la jeunesse à présent, c'est un emploi, une voiture, une maison de campagne, des vacances — et rien des incertitudes du monde agricole.» A l'instar de la plupart des Français, René accepte comme bien naturel que ses enfants recherchent des conditions d'existence supérieures à celles que connaissaient ou même dont rêvaient leurs ancêtres.

C'est peut-être ce qu'il y a de plus frappant dans l'histoire de cette famille française qui, au fil des générations, a franchi la distance séparant le monde agricole de la société industrielle et qui aborde à présent la société post-industrielle. Les conditions nécessaires à cette mutation sont réunies depuis longtemps. La France a toujours suscité des inventeurs et des innovateurs. Nicéphore Niepce et Jacques Daguerre ont inventé la photographie au cours de la première moitié du XIXe siècle. La tour érigée par Gustave Eiffel pour l'exposition de 1889 ne représente pas seulement le symbole de Paris; c'est aussi un miracle d'habileté technique. Louis Blériot et Roland Garros furent des pionniers de l'aviation. En outre, le pays n'a jamais manqué de ressources naturelles: les forêts et les terres cultivables y abon-

Un convoi de tracteurs transporte la récolte d'artichauts jusqu'à une coopérative agricole en Bretagne. Par la suppression des intermédiaires, ces coopératives ont permis aux cultivateurs d'accroître les profits et ont facilité la transformation de l'agriculture en une industrie moderne.

Longue file de voitures, pare-chocs
contre pare-chocs, sur le boulevard
périphérique, voie de dégagement
construite autour de Paris vers 1970.
En dépit de la construction de plus de
5 000 km d'autoroutes en 15 ans, la
circulation reste congestionnée, le parc
automobile ayant doublé entre-temps.

dent; son sous-sol recèle dans le Nord,
l'Est et en bordure du Massif central des
mines de charbon et, en Lorraine, des
gisements de fer. Enfin, les pouvoirs
publics s'attachent depuis des siècles à
promouvoir le développement des industries nationales. Certaines manufactures
très anciennes et fort renommées — comme celle des porcelaines de Sèvres et des
tapisseries de la Savonnerie ou des Gobelins — à présent propriété de l'État, ont
été créées aux temps de la monarchie.

Pourtant, en dépit de ses ressources
potentielles, tant humaines que naturelles,
la France en tant que puissance économique est demeurée jusqu'à la Deuxième
Guerre mondiale dans le sillage des États-
Unis, de la Grande-Bretagne et de l'Allemagne. Il faut en voir l'explication dans le
prestige lié à des noms, outre ceux cités
plus haut, comme Aubusson pour les tapisseries ou Chantilly pour les dentelles, qui
perpétuent une tradition d'excellence dans
la manufacture d'objets de luxe, au détriment de la production en grande série de
biens de consommation courante. Dans
d'autres pays au contraire, la révolution
industrielle a engendré la croissance explo-
sive des marchés de masse et s'est nourrie
d'elle. La France n'a pas connu un tel
phénomène. Entre 1850 et 1945, sa population n'a augmenté que de 13 millions
d'âmes, taux d'accroissement comparable à
celui enregistré entre 1945 et 1975.

Un simple fait et quelques chiffres sont
de nature à expliquer la stagnation relative
de l'économie française. Les riches terres
cultivables se sont révélées un piège autant
qu'une ressource lorsqu'aux alentours de
1890, la France a fermé ses frontières aux
importations de produits alimentaires qui
concurrençaient les prix de revient de ses
propres récoltes. A l'abri de toute compétition, les cultivateurs conservèrent leurs
bonnes vieilles méthodes d'exploitation
passablement inefficaces, alors que le reste

du monde se transformait. Les terres ara-
bles du pays continuèrent à assurer un
maigre revenu à des millions de paysans
qui auraient pu constituer une main-
d'œuvre utile dans l'industrie. En 1906, la
France comptait près de neuf millions
de travailleurs agricoles, soit environ
45 p. cent de la population active. A la fin
de la Deuxième Guerre mondiale, ils étaient
encore 7,5 millions, soit 36 p. cent de la
masse des travailleurs.

Une révolution intervint. Au début des
années 1960, le nombre des agriculteurs
avait diminué de moitié et vers 1975 ce
chiffre fut encore réduit d'autant. De nos
jours moins de 8 p. cent de la population
active appartiennent au monde rural. Des
millions d'anciens paysans sont allés gros-
sir les rangs des travailleurs monopolisés
par l'expansion économique galopante de
l'après-guerre, suscitée par le nombre toujours grandissant des consommateurs.

Les emplois étaient alors faciles à trouver. Tout comme l'Allemagne, la France
avait vu son industrie et son réseau de
transports publics dévastés par la guerre.
Une tâche considérable de reconstruction
et de modernisation l'attendait. Les problèmes du logement devaient être traités
de toute urgence, car la construction
immobilière n'avait fait que stagner dans
l'entre-deux-guerres.

La nation tout entière retroussa ses
manches. Les capitaux nécessaires furent
essentiellement fournis par l'assistance
financière apportée par les États-Unis en
1947 dans le cadre du «plan Marshall», du
nom du général George Marshall qui le
conçut pour renflouer l'économie européenne dévastée, grâce à un afflux massif de
devises. La part de la France s'éleva à près
de 2 800 millions de dollars. Dans le but de
coordonner la reconstruction fut créé le
Commissariat général au plan, placé sous

Deux motrices de forme aérodynamique vont emporter à une vitesse de 270 km à l'heure les trains à grande vitesse (TGV) mis en service en 1981. Ils font l'orgueil de la Société nationale des chemins de fer, déjà considérée comme l'une des plus modernes et des plus efficaces du monde entier.

la direction d'un homme exceptionnellement déterminé et lucide, Jean Monnet. Le programme qu'il conçut — le premier d'une série de plans quinquennaux qui ont déterminé, au fil des ans, les objectifs de l'économie française jusqu'à ce jour — accordait la priorité au redressement de la métallurgie.

Le résultat fut un succès remarquable. Depuis la fin des années 1940 et jusqu'en 1973, année où fut prise par les membres de l'Organisation des pays exportateurs de pétrole (OPEP) la décision de doubler le prix du baril, infligeant aux économies du monde occidental le premier choc pétrolier, la France bénéficia de 25 années d'expansion à peu près continue. Le revenu national fut multiplié par 3,5, soit un taux d'augmentation de plus de 5 p. cent par an. Le pays connut un phénomène de croissance sans précédent dans son histoire, à une cadence supérieure à celle de

ses voisins qui bénéficiaient pourtant comme elle d'une conjoncture économique généralement favorable.

Les chiffres concernant des secteurs fondamentaux, comme l'industrie automobile et le bâtiment, sont impressionnants. Vers 1960, la France produisait annuellement près de 1 200 000 voitures. Vers 1970, quelque trois millions dont la moitié allait à l'exportation. Par la suite, cette tendance continua à croître encore un peu avant de s'inverser. Mais la France n'en continua pas moins à rivaliser avec l'Allemagne fédérale dans le secteur automobile, laissant la Grande-Bretagne loin derrière elle.

Pendant l'entre-deux-guerres, le pays construisait rarement plus de 200 000 logements dans l'année et se contentait le plus souvent de la moitié. Le blocage des loyers imposé au début de la Première Guerre mondiale décourageait les investissements. En 1948, le nombre des chantiers du sec-

teur immobilier était descendu à 62 000 et le gouvernement décida de libérer le montant des loyers pour toutes les constructions neuves. On assista alors à une envolée du bâtiment : plus de 300 000 logements en 1960, plus de 400 000 en 1970, une pointe à 550 000 en 1974 et encore quelque 400 000 au début de la récession, aux alentours de 1980.

On se préoccupa aussi du réseau routier et des communications téléphoniques. En 1960 encore, la France ne possédait même pas 200 kilomètres d'autoroutes modernes ; vers 1980, elle s'enorgueillissait d'en avoir 5 000. Le réseau téléphonique fit longtemps le désespoir des hommes d'affaires et l'objet de maints commentaires humoristiques : on disait volontiers que la moitié de la France attendait une ligne et l'autre moitié la tonalité. En 1970, seules 4,25 millions de lignes étaient en service — 8 par 100 habitants, soit deux tiers de moins que dans les pays voisins. Le président Pompidou décida que la plaisanterie avait assez duré et le nombre des lignes téléphoniques fut porté à grands frais de 6,5 millions en 1975 à 16 millions en 1981, et 5 millions d'autres seront mises en service vers 1985. Le pays dispose à présent du réseau le plus moderne d'Europe.

Chose plus surprenante, la production augmenta aussi dans le secteur d'activité de René Hémon, en dépit de l'exode enregistré dans les campagnes. Les chiffres sont éloquents. Avant 1939, la France moissonnait de 10 à 12 millions de tonnes de céréales par an. Vers 1970, la récolte s'élevait à 36 millions de tonnes, dont près de 25 p. cent de maïs, culture très peu répandue auparavant. Et les statistiques ne cessèrent de grimper pendant toute la durée de la décennie. L'utilisation des engrais tripla en l'espace de 20 ans. En 1950, le pays comptait près de deux millions d'exploitations, mais 150 000 tracteurs

4

Une moissonneuse-batteuse en pleine action dans un champ de blé de l'Ile-de-France, l'un des plus grands greniers à grain de la nation. Les régions céréalières du nord du pays ont inauguré le mouvement de réforme qui fit doubler, entre 1955 et 1980, la superficie des domaines ruraux.

seulement. En 1970, il ne restait plus que 1,3 million d'exploitations, pour un nombre désormais équivalent de tracteurs.

Ce qui bouleversa les conditions d'existence dans les campagnes fut la garantie accordée sur le prix des produits agricoles déterminé par la Communauté économique européenne (CEE), ainsi qu'une politique cohérente de «remembrement». Dans le passé, la loi faisait obligation de partager l'héritage foncier entre tous les enfants, de sorte que les exploitations agricoles devenaient de plus en plus morcelées, constituées de parcelles éparses parfois distantes de plusieurs kilomètres. A partir de 1940, dans bien des régions, ces parcelles furent réunies grâce à un système d'échange complexe placé sous l'égide du gouvernement. Ainsi, un fermier pouvait être amené à céder un lopin éloigné en contrepartie d'une parcelle adjacente à ses terres principales. Les Hémon ont ainsi commencé à organiser le regroupement de leurs terres dès 1959.

En outre, des organismes ont été créés pour exercer un droit de préemption sur toutes les surfaces cultivables mises en vente, qu'ils achètent selon un barème préétabli et revendent avec des conditions de crédit avantageux à de jeunes agriculteurs désireux de s'établir ou d'agrandir leur exploitation. Le départ à la retraite des cultivateurs âgés a par ailleurs été favorisé. Enfin le Crédit agricole favorise le financement des investissements destinés à moderniser les biens d'équipement et les méthodes d'exploitation.

Les agriculteurs de leur côté étaient loin de demeurer inactifs. Une remarquable génération de novateurs s'est manifestée dans l'entre-deux-guerres sous l'impulsion du mouvement des Jeunesses agricoles chrétiennes, créé en 1929 pour enraciner le catholicisme dans les campagnes, lequel a su accaparer les positions stratégiques tenues jusqu'alors par les syndicats agricoles traditionnellement conservateurs. Le mouvement ne visait rien de moins qu'à réorganiser les structures de la France rurale. Un de ses principaux objectifs consistait à remettre en cause un système de distribution périmé par lequel les intermédiaires s'enrichissaient plus que les exploitants eux-mêmes. Pour modifier les vieilles structures, ces derniers étaient prêts à recourir à des manifestations comme un moyen de revendication légitime, et ils apportèrent leur soutien à la colère des agriculteurs bretons lorsqu'en 1961 ils protestèrent contre l'effondrement du prix de certains légumes. A Pont-l'Abbé, des tonnes de pommes de terre, préalablement arrosées de pétrole pour les rendre impropres à la consommation, furent déversées dans la rue principale, tandis qu'à Morlaix 4000 agriculteurs envahissaient soudainement la sous-préfecture.

Outre les pressions exercées sur le gouvernement, les agriculteurs prirent de leur propre chef un certain nombre d'initiatives, comme la création de coopératives visant à supprimer les intermédiaires entre le producteur et le consommateur. Beaucoup sont devenues florissantes. En Normandie, par exemple, les grandes coopératives laitières sont dirigées comme des entreprises industrielles. L'une d'elles contrôle le huitième de la production nationale de lait par l'intermédiaire de 40 usines disséminées sur le territoire; une autre produit et distribue l'une des grandes marques nationales de yogourt.

Tous ces efforts associés à ceux du gouvernement ont modifié le visage de la France rurale. Nombre de paysans à la tête de petites propriétés ont vendu leurs biens ou se sont retirés. La superficie des fermes s'est accrue. En 1980, sur 1,2 million d'exploitations agricoles, près de un demi-million couvraient plus de 20 hectares et plus de 150000 autres dépassaient une cinquantaine d'hectares. Désormais, plus

des quatre cinquièmes des terres cultivées sont groupées en vastes propriétés.

La propre expérience de René Hémon offre un bon exemple de ce processus. Son père a démarré en 1939 avec 18 hectares — ce qui de manière générale en France représentait une exploitation de belle taille, sauf dans la Beauce où les cultures se font sur une grande échelle —, et il a arrondi peu à peu son patrimoine à 45 hectares. A présent, René Hémon possède en copropriété avec son beau-frère 150 hectares de terres, dont 100 proviennent de terrains boisés qu'il a lui-même défrichés.

Le domaine des Hémon est vaste, même pour la Beauce. Dans d'autres régions, en particulier dans le Midi, on en trouve rarement de cette taille. Là, les problèmes sont différents et les progrès moins rapides. Dans le Languedoc et en Provence, les producteurs de pêches, de tomates et surtout les petits viticulteurs — les grands vignobles n'assument qu'une faible partie de la production vinicole nationale — sont aux prises avec des problèmes de surproduction et avec la concurrence de produits meilleur marché importés d'Italie. Si vers 1960 les manifestations d'agriculteurs se situaient en Bretagne, au milieu des années 1970 elles éclataient généralement dans le Midi de la France.

Depuis la guerre, des changements ont été enregistrés également sur les plateaux du Massif central où nombre de petits villages sont à présent désertés. Seule une aide de l'État permet aux éleveurs de moutons de survivre dans des conditions d'existence à peine supérieures à celles de leurs pères. Bien que le système des prix fixés par la CEE se soit révélé bénéfique dans l'ensemble, c'est aux grandes exploitations qu'il profite surtout; les régions qui ne pratiquent pas la culture intensive n'en tirent guère avantage.

Le fossé entre riches et pauvres tend à s'élargir en raison du coût des investisse-

ments nécessaires pour se doter de machines et rester compétitif sur le marché. René Hémon a vu le montant de ses charges s'alourdir de façon alarmante. Son père gagnait sa vie avec 18 hectares; à présent, il semble que 80 hectares constituent un minimum nécessaire, et il prévoit que bientôt 150 hectares seront indispensables pour assurer à une famille des revenus convenables.

Pour l'instant, il n'a pas lieu de se plaindre de ses conditions d'existence. Il vit avec sa femme dans une belle maison ancienne entourée d'un vaste verger et ils ont les moyens de s'offrir des vacances à l'étranger: en Suisse, en Allemagne ou en Yougoslavie. Une moissonneuse-batteuse à moteur remplace désormais la vieille machine tirée par des chevaux qu'utilisait son père et il dispose d'un tracteur ultra-moderne avec une cabine à air conditionné équipée d'une radio. Ses enfants vivent tout aussi bien, car la vraie distinction entre les niveaux de vie ne tient plus comme autrefois à la dichotomie entre la campagne et la ville, mais plutôt entre le passé et le présent, à tel point que l'existence menée dans les fermes par les générations antérieures semblerait à présent effroyablement dépourvue de tout confort.

Pour expliquer le phénomène d'expansion sans précédent qui a entraîné l'amélioration spectaculaire des niveaux de vie en France, les économistes ont mis en lumière deux facteurs essentiels: le rôle de la planification et celui du développement des marchés extérieurs. Jusqu'à ce que se fasse ressentir le contrecoup du choc pétrolier, l'opinion publique, favorablement impressionnée par les mesures gouvernementales adoptées depuis l'après-guerre, avait tendance à soutenir la politique économique générale de l'État.

L'une des manifestations les plus remarquables de la mainmise des pouvoirs

4

publics sur le développement du pays est illustrée par la vague de nationalisations lancée en 1945. La Libération entraîna l'arrivée des socialistes au pouvoir et même, pendant un certain temps, des communistes, les uns et les autres déterminés à développer l'importance du secteur public. Cette option reçut l'approbation du général de Gaulle, alors à la tête du gouvernement, qui, de par sa formation d'officier de carrière, croyait beaucoup plus aux mérites de l'autorité de l'État qu'à ceux du libre échange ; quant à la centralisation des directives gouvernementales, cela n'avait rien de nouveau, puisque ce principe s'était fermement enraciné en France bien avant la Révolution. Il en résulta que les Charbonnages de France, l'E.D.F., la compagnie Air France ainsi que la régie Renault devinrent des entreprises nationales, tout comme la Banque de France et trois grandes banques de dépôt, ce qui

permit à l'État de diriger les investissements dans le sens qui lui convenait.

De façon générale, les nationalisations se sont révélées fructueuses et il est à noter que tous les présidents de droite de la Cinquième République — de Gaulle lui-même, puis Georges Pompidou et Valéry Giscard d'Estaing — ne firent rien pour modifier cette situation. Georges Pompidou en personne, pourtant plus ouvert que le général de Gaulle aux initiatives du secteur privé, auquel il eut recours pour l'implantation du réseau d'autoroutes et la modernisation du système téléphonique, n'envisagea jamais de remettre en cause l'emprise des pouvoirs publics dans les domaines de l'activité économique où elle s'exerçait déjà. Valéry Giscard d'Estaing, qui apparut aux yeux de certains comme un doctrinaire de la libre entreprise, et son Premier ministre Raymond Barre, ancien professeur d'économie politique, entreprirent de lever certaines mesures protectionnistes en vigueur depuis l'avant-guerre. Ainsi, lorsqu'il libéra le contrôle des prix sur la baguette de pain, pour la première fois depuis plus d'un siècle le gouvernement cessa de prodiguer ses subsides pour maintenir de façon artificielle à un niveau relativement bas le prix de cet aliment de base. Pourtant, c'est aussi sous la présidence giscardienne que l'État fit passer sous son contrôle effectif deux grandes aciéries, en soulignant qu'il n'y avait pas d'autre solution pour les sauver de la faillite. C'est pourquoi, lorsque l'union de la gauche arriva au pouvoir, le président Mitterrand lança une nouvelle vague de nationalisations qui, en dépit des cris de l'opposition, ne souleva aucun émoi particulier.

Les activités économiques de l'État ne se confinent pas pour autant à la gestion des entreprises nationalisées. Dès le lendemain de la Libération, on essaya de canaliser aussi les investissements privés, en fixant des objectifs et des ordres de priorité dans la plupart des secteurs clés de l'industrie et en soutenant les sociétés respectueuses des directives gouvernementales, par exemple dans le développement de leurs exportations ou de leurs biens d'équipement. Dans le domaine des travaux publics, l'État donna la préférence, voir l'exclusivité, à certaines entreprises, comme celle qui présida à l'installation du nouveau réseau téléphonique, et il encouragea par des crédits avantageux le développement industriel de régions défavorisées ou l'implantation en France de firmes internationales. Ainsi, c'est grâce aux pouvoirs publics qu'une usine Ford a pu s'installer dans la région bordelaise, qu'un complexe de plaisance s'est créé sur le littoral du Languedoc-Roussillon et qu'une aciérie a vu le jour à Fos, près de Marseille.

L'État se préoccupa également au premier chef des conditions de vie des travailleurs. Les syndicats, qui dans la plupart

Dans la vallée du Rhône, destruction du surplus de la récolte de pêches. Des actes de ce genre sont le résultat de la politique agricole de la CEE qui, en garantissant des prix élevés aux produits de la terre, encourage la surproduction. Les surplus sont soit détruits soit bradés à l'étranger.

des démocraties occidentales jouèrent un rôle prépondérant pour introduire des réformes sociales, ont en France une influence assez relative, en raison peut-être de leur manque de cohésion. Trois grandes centrales syndicales sont en concurrence: la Confédération générale du travail (CGT), communiste, la Confédération française démocratique du travail (CFDT), socialiste, et Force ouvrière (FO), social-démocrate — auxquelles viennent s'ajouter des syndicats professionnels comme la Fédération de l'éducation nationale (FEN), de gauche, ou la Confédération générale des cadres (CGC). En dépit de l'amplitude des choix, seuls 25 p. cent des travailleurs français étaient syndiqués en 1980 contre 40 p. cent en moyenne dans les autres pays d'Europe. Les grèves en France sont souvent l'affaire d'un jour ou deux, simples piqûres d'insectes sur la carapace du patronat.

En conséquence, il faut créditer en majeure partie les pouvoirs publics de l'initiative d'avoir fixé à 40 heures puis à 39 la durée hebdomadaire du travail et instauré en 1949 le salaire minimum interprofessionnel garanti (SMIG). En 1981, le gouvernement socialiste parvint à convaincre le Conseil national du patronat français (CNPF), conjointement avec les syndicats, de généraliser la cinquième semaine de congés payés — mesure à laquelle n'osent rêver l'Amérique, le Japon et de nombreux pays occidentaux.

Les pouvoirs publics ont également encouragé, contrôlé et, dans une mesure croissante, financé un système d'indemnités de chômage plus généreux — et plus coûteux, se plaignent les chefs d'entreprise — que partout ailleurs en Europe. Pour effectuer des licenciements économiques, l'employeur doit prouver la nécessité où il se trouve de réduire le nombre de ses employés. Sous la présidence de Valéry Giscard d'Estaing, le gouvernement promit aux chômeurs des indemnités s'élevant à 90 p. cent de leur dernier salaire annuel — pourcentage qui ne tarda pas, bientôt, à être réduit à mesure qu'augmentait le nombre des licenciements.

Les réussites de l'intervention des pouvoirs publics eurent pour résultat d'enraciner la croyance qu'un bon programme de planification est la panacée à tous les maux économiques. Même si son rôle primordial fut toujours de dégager des orientations plutôt que des exigences, le Plan — comme on appelle les programmes successifs d'orientations quinquennaux — a pris dans l'esprit des Français une dimension mystique au fur et à mesure qu'ils observaient la réalisation de ses objectifs les plus ambitieux.

Survint la crise du pétrole, et la situation changea du tout au tout. Soudain le marasme surgit dans le monde des affaires. En dépit d'un léger sursaut vers la fin des années 1970, l'expansion économique diminua de moitié par comparaison avec le taux auquel la France était accoutumée, et chuta plus encore lors de la seconde série de chocs pétroliers en 1979 et 1980. Le nombre de chômeurs monta sans discontinuer, passant d'un demi-million en 1970, à un million en 1975, à un million et demi en 1980, et à 2 millions en 1982, où les efforts du gouvernement pour endiguer à grands frais le pourcentage des demandeurs d'emploi ne furent que partiellement couronnés de succès, en dépit des énormes sommes engagées.

La récession a surtout frappé durement les industries lourdes traditionnelles. L'un des secteurs les plus touchés est celui de la sidérurgie. Les utilisateurs d'acier ont loyalement continué à s'alimenter en produits nationaux tout au long des années 1970, bien qu'il eût été plus avantageux de se fournir ailleurs en fer et en charbon.

4

Cette politique a fini par rendre les producteurs français peu compétitifs à un moment où la demande diminuait en raison de la crise. Le résultat, en Lorraine, où prédominent les industries métallurgiques, fut catastrophique. Le chômage y toucha des dizaines de milliers d'ouvriers et la vigoureuse résistance des syndicats aux licenciements engendra une crise qui rappela le souvenir des troubles de mai 1968. Pendant plusieurs semaines, en 1979, Longwy fut paralysé par les grévistes et, en 1984, une nouvelle diminution de la production d'acier a réactualisé le conflit.

D'autres secteurs de l'industrie sont également affectés. Les chantiers de construction navale ont vu leur production diminuer des deux tiers entre 1975 et 1980. La célèbre firme Citroën a connu des difficultés financières qui n'ont pu être résolues que grâce à son absorption par Peugeot, sa rivale, laquelle affiche à présent de lourds déficits. L'industrie textile, qui jusqu'en 1970 venait au second rang de l'économie nationale, s'est considérablement amenuisée, incapable de concurrencer l'afflux massif des articles importés.

La récession a profondément entamé la confiance en soi de la nation. Après un quart de siècle d'expansion, le ralentissement de la croissance et l'absence de perspectives encourageantes ont amené les Français à considérer les réussites du passé sous un jour différent. Ils constatent que les formules qui se révélaient efficaces hier ne le sont plus aujourd'hui. L'État, longtemps crédité de l'expansion, est devenu le bouc émissaire que l'on rend responsable de la récession, bien que les méthodes interventionnistes qui ont fait la prospérité de la France entre 1945 et 1970 soient toujours plus ou moins appliquées.

Les Français commencent à s'apercevoir que la croissance rapide de l'après-guerre — croissance qui s'est ralentie de façon spectaculaire depuis la crise, sans jamais pourtant s'être totalement arrêtée — est peut-être moins la conséquence de la politique des pouvoirs publics que des bonnes vieilles lois du marché. Nombreux sont ceux qui affirment que la plus heureuse intervention de l'État depuis 1945 est d'avoir pris une décision que tout le monde à l'époque — politiciens, fonctionnaires et hommes d'affaires réunis — trouvait entachée d'un risque énorme : la création de la Communauté économique européenne (CEE).

Les raisons qui poussèrent la France à se faire le chantre de la Communauté européenne du charbon et de l'acier en 1951, puis de la CEE en 1957, étaient d'ordre essentiellement politique. L'objectif consistait à tisser dans les pays d'Europe occidentale des liens si étroits qu'un nouveau conflit armé ne pourrait jamais surgir au niveau européen. La CEE de son côté devait développer un marché commun permettant la libre circulation des marchandises entre les pays membres. La France y vit l'ouverture de nombreux débouchés, pour ses produits agricoles notamment. Mais la perspective de voir l'Allemagne envahir le marché avec ses propres produits manufacturés ne fut pas sans alarmer les industriels du pays.

L'avenir leur donna tort. La mise en place du Marché commun entraîna un abaissement des barrières douanières et les produits étrangers affluèrent. Les possibilités de choix s'élargirent et les consommateurs se virent désormais dispensés de n'acheter que français. Il en résulta l'obligation pour les entreprises d'ajuster leurs produits aux goûts d'une clientèle plus vaste afin de satisfaire aussi bien des acheteurs allemands ou hollandais qu'italiens.

L'esprit de compétition réveilla l'industrie française. Le montant des importations en provenance des pays de la Communauté économique européenne fut multiplié par dix entre 1958 et 1972, mais parallèlement les débouchés extérieurs s'accrurent pour les entreprises françaises. Tout le monde en bénéficia : agriculteurs et industriels, chefs d'entreprise et travailleurs, producteurs et consommateurs.

Deux autres bonnes vieilles lois ont aussi influé sur les mentalités : l'esprit de compétition et l'appât du gain. Entre 1950 et 1970, les hommes d'affaires eurent la constante préoccupation du «défi américain», formule qui reprend le titre d'un livre très controversé de Jean-Jacques Servan-Schreiber, le fondateur de *L'Express*. Loin d'être anti-américain à une époque où le gouvernement gaulliste marquait ses distances à l'égard des États-Unis, J.J.S.S. attirait simplement l'attention sur le fait que les multinationales d'outre-Atlantique implantées partout en Europe étaient en passe de prendre le contrôle de l'économie européenne, à moins que — et telle était la teneur du message — les sociétés européennes n'apprennent à les battre sur leur propre terrain.

De fait, les milieux d'affaires français se calquaient déjà sur le modèle américain. Leurs jeunes et ambitieux chefs d'entreprise allaient se former à la Harvard Business School jusqu'à ce qu'on assiste en Europe à la floraison d'établissements privés similaires, dont le plus important, l'INSEAD, fut créé à Fontainebleau en 1959. D'autres se sentirent gagnés par le goût de s'établir à leur compte. Le chef d'une petite entreprise française typique des années 1950 avait souvent hérité son affaire de son père ou de son grand-père et il la gérait toujours selon les méthodes de la génération précédente. De nos jours, il sera plutôt un gestionnaire hardi, ancien élève d'une grande école commerciale française, qui aura peut-être complété sa formation par un stage au sein d'une entreprise multinationale.

Cette époque vit aussi le développement des études de marché et de production. Les

Les immeubles pyramidaux dominant cette marina de plaisance donnent un air futuriste à La Grande Motte, l'un des grands centres estivaux promus par le gouvernement depuis 1963 entre le delta du Rhône et les Pyrénées, afin de désengorger les sites de la Riviera.

énormes hypermarchés — néologisme créé en France —, qui se sont implantés aux abords de nombreuses villes, attirent leur clientèle grâce aux vastes parcs de stationnement qui les entourent et à l'éventail considérable de marchandises qu'on y trouve, outre les produits alimentaires. Les magasins Carrefour furent parmi les premiers à s'engager dans cette voie dans les années 1960 à l'instigation d'un ancien petit négociant. Les hypermarchés ont révolutionné les habitudes des consommateurs français en pratiquant des prix jusqu'à 20 p. cent et même 40 p. cent inférieurs à ceux des magasins du quartier. Les plus grands — caravansérails tapageurs où l'on trouve aussi bien des chambres à coucher, des vêtements que des paquets de lessive ou des aliments congelés — battent par leur superficie tous les records d'Europe: certains s'étendent sur 20 000 mètres carrés et n'alignent pas moins de 70 caisses enregistreuses.

De nos jours les hommes d'affaires français ont parfaitement assimilé les méthodes américaines et, en bien des domaines, y compris celui de la technologie, ils ont plus à enseigner au monde qu'ils n'ont à apprendre de lui; seuls les domaines de la banque et de la comptabilité demeurent à la traîne. La raison principale de cette frénésie d'activités tient dans l'abondance des stimulants pour atteindre au succès. Peu de pays offrent à un gestionnaire aimant la bonne vie autant de possibilités de gagner beaucoup d'argent que la France. L'échelle des salaires est étendue, mais celui qui se trouve aux échelons inférieurs ne peut se plaindre d'être trop mal loti. En outre, le système fiscal français est tel que les hauts salaires sont imposés dans une proportion bien inférieure à ce qui se pratique dans d'autres pays d'Europe. Quant aux non-salariés, la situation est encore meilleure, car la fraude fiscale est devenue pour eux une sorte de passe-temps

L'ESSOR DE L'INDUSTRIE NUCLÉAIRE

La France est l'un des pays du monde les plus avancés en technologie nucléaire et dans le traitement des combustibles irradiés. Sous la présidence du général de Gaulle, le programme nucléaire français se trouvait intimement lié à la politique de défense de la nation, basée sur le principe de la dissuasion. Mais la crise du pétrole a conduit la France à utiliser l'énergie nucléaire à des fins économiques, car elle possède peu de gaz naturel mais de nombreux gisements d'uranium.

Le programme nucléaire récemment amendé par le président Mitterrand permet depuis 1980 de fournir 40% de la consommation en électricité du pays par le truchement de ses centrales atomiques. L'opposition à ce programme reste généralement faible car les pouvoirs publics n'ont pas manqué de souligner qu'il n'est d'autre façon de conserver l'indépendance de la France en matière énergétique.

Dans la centrale nucléaire de La Hague, près de Cherbourg, deux ouvriers disposent des déchets atomiques irradiés dans des conteneurs spéciaux. Ces déchets seront ensuite refroidis par immersion sous cinq mètres d'eau.

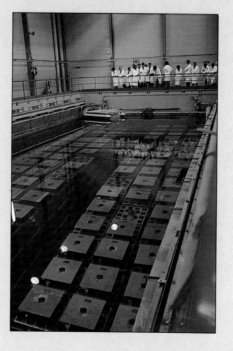

A La Hague, des techniciens surveillent l'immersion de conteneurs remplis de déchets nucléaires qui seront traités à l'acide afin de séparer l'uranium des déchets irradiés. Celui-là sera envoyé dans une autre centrale pour y être isolé du plutonium, et les déchets seront conservés dans des casemates de béton.

national. La dissimulation des revenus constitue, de par sa généralisation, un problème préoccupant. En 1981, un haut fonctionnaire des finances estimait que le manque à gagner de l'État pour cette raison s'élevait à un quart du montant total des contributions versées. Toutes les administrations ont essayé de résoudre ce problème, mais jusqu'à présent aucune d'elles n'y est parvenue.

Outre qu'elle a conduit à réévaluer les raisons de la croissance, la récession a affecté la façon dont les Français considèrent leur vie professionnelle. La constatation que la locomotive du développement économique peut ralentir presque jusqu'à l'arrêt a porté un rude coup à l'idée séduisante, commune à toute la nation, que l'expansion n'aurait jamais de fin. Pourtant, peu nombreux sont ceux qui — à l'instar de leurs prédécesseurs des années consécutives à la crise de 1929 — se demandent de manière dubitative si la machine retrouvera jamais son élan.

Les raisons d'un tel optimisme tiennent au fait qu'en dépit des problèmes créés par la récession les travailleurs — ou du moins ceux qui ont toujours un emploi — continuent à vivre confortablement. Les salaires sont équivalents ou même légèrement supérieurs à ceux pratiqués dans la CEE, et nombre de sociétés donnent un 13e mois, voire même un 14e mois, sous forme le plus souvent d'une prime de fin d'année. Les plus déshérités paient moins d'impôts que dans la plupart des autres pays européens. En revanche, le poids de la taxe sur la valeur ajoutée (TVA), portant sur les biens de consommation, est lourd et il frappe de la même façon les pauvres et les riches. En France, il faut payer le médecin et le pharmacien, mais dans l'un et l'autre cas, les trois quarts de la dépense seront remboursés par la Sécurité sociale, et de nombreux

salariés cotisent à une mutuelle qui comblera la différence ou presque. Si les avantages des travailleurs sont nombreux, les déductions faites sur leur salaire au titre des charges sociales sont lourdes.

Les Allocations familiales sont généreuses et nombre de familles pauvres reçoivent aussi des allocations-logement. Les employés des grandes sociétés bénéficient d'avantages supplémentaires dus aux acti-

vités des comités d'entreprise, collèges d'employés élus — présidés par la direction —, dont la présence est obligatoire depuis 1945 dans toutes les sociétés comptant plus de 50 personnes. Ils ont pour mission principale d'améliorer les conditions de travail, en organisant par exemple l'implantation de crèches, de cantines, parfois de séjours de vacances bon marché, ou bien en favorisant la formation

professionnelle ou en pourvoyant au logement de certains employés.

Les avantages réservés aux femmes qui travaillent sont particulièrement appréciables surtout en ce qui concerne leur grossesse. Les femmes enceintes ont légalement droit à 16 semaines de congé maternité payés à 90 p. cent de leur salaire pour le premier ou le deuxième enfant, et, afin d'encourager les familles nombreuses, ces

DANS LE SILENCE DES CAVES

Les caves ont toujours joué un rôle important en France en tant qu'auxiliaire de la bonne chère. Depuis l'époque romaine, elles servent avant tout à conserver le vin et, de nos jours encore, les producteurs de champagne et autres grands crus considèrent leurs celliers souterrains, frais et humides, comme d'excellents auxiliaires naturels.

L'humidité et la température constantes qui favorisent le vieillissement du vin offrent également des conditions idéales pour la culture des champignons. En Ile-de-France, et dans bien d'autres régions, on les cultive dans de longues galeries généralement creusées par l'homme. En revanche, les fromagers de Roquefort, dans le Massif central, utilisent les caves naturelles calcaires, où prolifèrent des micro-organismes générateurs de moisissures, qui provoquent dans le fromage ses caractéristiques veinules bleues.

En Provence, des cultivateurs de champignons effectuent la récolte.

Rotation des bouteilles de champagne pour purifier le vin.

Des roqueforts s'affinent dans la fraîcheur de caves calcaires.

congés sont portés à 6 mois à partir du troisième nouveau-né. Enfin les pères ou les mères ont la possibilité de prendre une année de congé parental à leurs frais après une naissance, avec la garantie de retrouver leur emploi à leur retour; pour les sociétés de plus de 100 employés, le délai est porté à deux ans. Et c'est en France que les crèches et les maternelles à la charge de l'entreprise sont les plus répandues.

Pour les femmes ambitieuses et nanties de diplômes, les chances de succès professionnel sont plus élevées qu'autrefois. Nombre de jeunes filles — presque autant que de garçons — fréquentent l'université. En conséquence, on trouve de plus en plus de femmes ayant accédé ou en passe d'accéder à une position élevée dans les professions libérales ou dans les entreprises privées. Mais, tout au bas de l'échelle, les femmes sont loin d'avoir conquis l'égalité avec les hommes. Peut-être à travail égal ont-elles un salaire égal, mais les emplois les plus mal payés semblent demeurer l'apanage exclusif de la main-d'œuvre féminine. Dans une société où de plus en plus la tête remplace les jambes, sans doute cette situation changera-t-elle. En tout état de cause, l'écart est important entre les hauts et les bas salaires et la plupart des femmes sont encore assez proches du bas de l'échelle.

Les échelons les plus bas sont toutefois occupés par des travailleurs qui ne sont pas Français : la main-d'œuvre immigrée, qui occupe les emplois dont les Français ne veulent plus. Ces travailleurs étrangers sont venus en grand nombre pendant les années de la croissance, en provenance d'Espagne, du Portugal, d'Italie, de Yougoslavie et d'Afrique du Nord. Vers 1975, la France comptait près de quatre millions d'immigrés, dont 1,75 million de travailleurs, soit une proportion de un douzième de la population active.

Cet afflux fut encouragé à l'époque où il y avait pénurie de main-d'œuvre dans des secteurs comme le bâtiment et les travaux publics. Certains emplois réputés monotones, dangereux ou salissants — comme le travail à la chaîne dans les usines d'assemblage automobile et dans certaines usines textiles — étaient presque exclusivement tenus par des travailleurs immigrés. Mais cet afflux même engendrait des problèmes de logement. Si la plupart des bidonvilles où s'entassaient les Nord-Africains ont été détruits, ceux-ci sont encore bien souvent concentrés dans des îlots plus ou moins mal entretenus qui ont rapidement tendance à tourner au ghetto.

De tous les immigrants, ce sont les Algériens, arrivés surtout depuis la fin de la guerre d'indépendance, qui ont été confrontés à la plus grande hostilité et aux pires difficultés. A la différence d'autres travailleurs d'origine européenne, qui immigrent avec leurs familles, les Algériens, dans les débuts à tout le moins, tendaient à venir seuls. La situation s'aggrava du fait qu'entrés en grand nombre illégalement dans le pays ils n'osaient s'affilier à aucun syndicat, sachant que la moindre revendication entraînerait peut-être leur dénonciation et leur rapatriement.

La récession est venue aggraver le problème de l'immigration comme tant d'autres. Dans le monde du travail manuel, la présence de nombreux étrangers fut ressentie comme une concurrence déloyale faite aux ouvriers français en quête d'emploi. Devant la montée des incidents racistes, nombre de politiciens de tous bords s'accordent à reconnaître qu'un regain de prospérité viendrait immanquablement relâcher les tensions.

Mais les contraintes économiques se montrent intraitables. L'une des graves préoccupations présentes vient du déséquilibre du commerce extérieur. En 1970, la France achetait à l'étranger 20 p. cent de

produits manufacturés. En 1981, ce chiffre s'élevait à 48 p. cent.

Dans le domaine de l'automobile, les importations sont passées de 18 à 32 p. cent, dans celui du textile et de l'habillement, de 12 à 37 p. cent, dans celui de la chaussure, de 13 à 43 p. cent. Il n'est donc pas surprenant que de nombreuses voix réclament, pour reconquérir le marché national et relancer l'industrie, le blocus du maximum possible d'articles étrangers.

Mais d'autres voix s'élèvent aussi pour souligner que cette solution, déjà mise en œuvre dans le passé, a entraîné la France dans une période d'assoupissement économique dont elle ne s'est réveillée qu'après la guerre. Elles font remarquer que le protectionnisme a engendré la période de stagnation et d'apathie des années 1930 et qu'il faut chercher ailleurs le remède à la récession. Elles soulignent que l'avenir de la France repose sur les investissements que l'on consacrera à la formation, à la reconversion aux techniques modernes et à la recherche, ainsi qu'au développement des technologies de pointe. Force est de constater que l'économie française repose aujourd'hui sur une masse de travailleurs dont 35 p. cent sont employés dans l'industrie, contre 55 p. cent dans des activités de services, comme la banque, l'enseignement, la programmation électronique, l'hôtellerie, etc. Et que toute politique visant à un soutien à court terme de l'industrie au détriment de l'économie dans son ensemble serait inacceptable.

En résumé, il est difficile de prédire dans quelle direction s'engagera l'économie française dans les prochaines années, sauf qu'elle ne reviendra jamais aux conditions qu'elle connaissait avant la guerre. L'avenir de la métallurgie ne saurait s'appuyer désormais sur le protectionnisme douanier, pas plus qu'il n'est pensable de revenir aux antiques méthodes d'exploitation agricole, car le passé rural de la France est révolu.

LE PARIS DU GRAND LUXE

Photographies de Kevin Kling

Depuis que le grand Colbert, le ministre de Louis XIV, se décida à encourager le développement des industries de luxe, la France s'est taillé un grand renom dans la création de tous les accessoires nécessaires à un train de vie élégant. Et nul quartier n'est plus digne de cette prestigieuse réputation que celui du faubourg Saint-Honoré. De Laroche à Saint-Laurent, de Cardin à Courrèges, la litanie des grands couturiers s'égrène dans ce périmètre luxueux qui attire les nantis et les célébrités de tous les points du globe.

L'artère principale de ce quartier, la rue du faubourg Saint-Honoré, était au XVIIIe siècle bordée d'aristocratiques hôtels particuliers dont les salons abritent à présent des magasins de grand prestige qui conservent l'atmosphère exclusive des résidences privées. Certains dédaignent d'exposer leurs créations dans le cadre terre à terre d'une vitrine, bien que de nombreux autres aient su convertir l'agencement d'un étalage en une sorte de chef-d'œuvre, pour le plus grand délice de ceux qui ne peuvent s'offrir que le plaisir d'admirer.

Signalée par la plaque émaillée bleu et blanc caractéristique des rues de Paris *(à droite)*, la rue du faubourg Saint-Honoré abrite les grandes maisons de couture de la capitale. En vitrine chez Lanvin, des ensembles printaniers attirent les regards des passantes par un jour pluvieux d'hiver.

Le salon de Cartier, le grand joaillier de la rue de la Paix, avec son lustre et ses lambris du XVIIIᵉ.

Trois élégants personnages devant la vitrine d'un magasin de vêtements pour enfants.

Une boutique jouxtant un ministère.

Passage attenant au faubourg Saint-Honoré, illuminé par les vitrines d'un salon de coiffure.

La vitrine de chez Hermès, le grand sellier, avec ses colonnes de marbre, occupe depuis plus de un siècle le même coin de rues.

En fin d'après-midi, des clients prennent le thé et des pâtisseries dans le salon de Ladurée, rue Royale.

Chez Fauchon, le grand traiteur de la place de la Madeleine, un vendeur conseille une cliente.

Une couple élégant sortant de l'hôtel Meurice, rue de Rivoli.

Une famille de châtelains déjeune en
plein air dans la région du Beaujolais.
Les repas où l'on prend son temps
constituent une tradition fortement
ancrée dans les mœurs en France. Mais
cette pratique se perd dans les villes
où les gens déjeunent rapidement
près de leur lieu de travail.

LES PLAISIRS DE LA VIE

L'image de ce que les Français appellent traditionnellement «le plaisir de la vie» s'intègre difficilement dans le cadre de la révolution économique de l'après-guerre. Conservatrice, rurale et peu avare de son temps, elle contraste avec l'existence trépidante qui s'est imposée dans le monde moderne. Les changements liés à la prospérité nouvelle, qu'ils soient pour le meilleur ou pour le pire, ont affecté les loisirs sous presque tous leurs aspects, depuis le temps consacré à l'approvisionnement, où les hypermarchés ont remplacé l'épicerie du coin, jusqu'à l'emploi des soirées, où le petit écran tend à rogner sur la commensalité et les conversations de bistrot.

En fait, si l'on y regarde de près, la France se trouve dans une étape de transition, à mi-chemin entre un dur passé paysan qui éveille toujours en elle de puissantes nostalgies et un avenir où le confort lié aux progrès de la technologie se trouve mêlé de perplexité métaphysique. Imaginons, par exemple, un petit village bien typique, situé au sud de la ligne imaginaire où les tuiles romaines remplacent la tuile plate ou l'ardoise du nord. Les maisons s'agglutinent autour de la place, ombragée de platanes ou de marronniers, avec en son centre peut-être une fontaine moussue. La place est bordée sur un côté par une vieille église du siècle dernier, et sur l'autre par la mairie, solide édifice presque invariablement pourvu d'une volée de marches en pierre et surmonté de la hampe où flotte le drapeau tricolore les jours de fête nationale. Près de l'église s'élève le monument aux morts portant la liste souvent longue des habitants tombés au champ d'honneur pendant la Grande Guerre, celle plus réduite de ceux qui succombèrent lors de la Deuxième Guerre mondiale (allongée par les noms des héros de la Résistance et ceux des victimes de la Déportation), et aussi celle des morts de la guerre d'Indochine et de celle d'Algérie. On y trouve aussi les commerces traditionnels: la boucherie, la boulangerie, un petit supermarché et une boutique où l'on vend des colifichets et des articles de mode, témoin que la prospérité de l'après-guerre a pénétré jusque dans le monde rural.

La vie de chacun au village demeure pourtant intimement mêlée à celle du voisin, monde à la fois protecteur et cancanier où chacun s'épie. Les cafés, avec leurs terrasses, y sont des lieux de rencontre où l'on se réunit pour jouer aux cartes ou discuter autour d'un apéritif ou d'un verre de vin. Les soirs d'été, on se retrouve à la pétanque et les commentaires vont bon train. Le village s'endort de bonne heure mais, après minuit, il est réveillé par les motos pétaradantes de la jeunesse locale qui rentre au bercail après la fermeture de quelque discothèque des environs. Telle est à présent la configuration de la vie villageoise où la tradition se mêle à la modernité.

On retrouve aussi ce trait dans la vie citadine. Dijon, Angers, Nancy ou Montpellier, et des centaines d'autres charmantes vieilles villes, grandes ou petites, ont beaucoup changé depuis la guerre. Confinées autrefois dans une léthargique dignité, lieux enchanteurs pour le visiteur de passage et tristes à habiter, elles ont à présent bourgeonné et fourmillent d'activité. Elles sont entourées d'une ceinture de pavillons ou d'immeubles modernes, et leurs rues principales comme leurs boulevards sont encombrés par la circulation automobile. Peut-être cette animation a-t-elle quelque peu diminué leur charme, mais leurs habitants bénéficient à présent de plus de commodités et d'une vie culturelle et sociale plus intense. Nombre d'entre elles ont un centre historique, généralement situé aux abords du château ou de la cathédrale. Cette zone est souvent restaurée avec beaucoup de goût et, dans bien des cas, réservée aux activités piétonnières — où le calme et la beauté du temps passé subsistent juxtaposés au tohu-bohu des grandes artères.

L'intérieur des demeures françaises a subi aussi des modifications. La fréquentation des cafés tenait souvent au désir d'échapper à des logements inconfortables et par trop exigus. A présent que les gens sont mieux logés, ils passent plus de temps dans leur domicile, lequel fait l'objet de soins amoureux, et ils s'adonnent souvent de tout leur cœur à la passion du bricolage qui recueillait autrefois beaucoup moins d'adeptes. La prolifération des pavillons avec jardin à la périphérie des agglomérations a converti bien des Français en jardiniers émérites, et les pépiniéristes situés à la bordure des villes ne chôment pas.

Les activités de loisir fleurissent aussi du fait que la plupart des gens ont du temps pour se distraire. Depuis la Deuxième Guerre mondiale, l'ensemble de la population active est plus soucieuse de voir s'allonger les week-ends ou les vacances que de réduire ses horaires quotidiens de travail. Les cadres prolongent souvent leur présence au bureau jusqu'à 7 ou 8 heures du soir, mais leur week-end est devenu sacré — revendication farouche à l'égard des temps pas si éloignés où la semaine de travail s'étendait au samedi inclus et où n'existait rien qui correspondît à la notion de repos de fin de semaine, d'où l'introduction dans la langue d'un terme emprunté à l'anglais. Pour les citadins, cette rupture de deux jours qui leur fournit, loin de la routine et des tensions hebdomadaires, l'occasion de s'évader dans une retraite campagnarde est devenue une soupape de la plus haute nécessité.

La résidence secondaire s'est convertie en une sorte de culte, surtout pour les Parisiens qui souffrent de l'exiguïté de leurs domiciles. C'est parfois une vieille demeure ancestrale, héritée de la famille. Ou bien il s'agit d'une ancienne ferme acquise pour un prix modique et dûment restaurée, d'une villa à l'architecture moderne, ou encore d'un appartement au bord de la mer. Quelle que soit l'option choisie, les familles affrontent allègrement les encombrements routiers des vendredis et dimanches soir pour franchir quelquefois plusieurs centaines de kilomètres afin de vivre leur idylle bucolique hebdomadaire. La France détient le record des résidences secondaires. Une famille sur neuf en possède une, contre une sur 15 aux États-Unis, une sur 140 en Allemagne fédérale et une sur 200 en Grande-Bretagne.

Souvent leurs propriétaires consentent pour cela de nombreux sacrifices et renoncent, en contrepartie de ce privilège, à bien des aspects de la vie en société. Un technicien de Lyon, âgé de 34 ans, explique: «Nous avons un petit appartement dans le centre, où la vie est pour le moins aussi bruyante et folle qu'à Paris. Chaque vendredi, ma femme, mes deux enfants et moi-même faisons trois heures de route en voiture pour aller en Auvergne, dans la vieille ferme que j'ai héritée de mon grand-père. Nous nageons dans la rivière, nous montons à cheval, nous bavardons avec les gens du village, ma femme prépare des confitures avec les fruits de notre verger et je fais de la menuiserie. On se sent vivants! Je crois que je ne pourrais pas supporter

mon emploi citadin si je n'avais cette détente et je ne me plains pas de ne pas sortir le soir en semaine.»

Les vacances annuelles soulèvent un enthousiasme non moindre. Avant la dernière guerre, elles constituaient le privilège des riches; à présent, le monde du travail bénéficie en France de cinq semaines de congés payés, avantage unique dans toute l'Europe. Certains ne quittent pas le lieu où ils habitent, tandis que la majeure partie des autres va s'agglutiner sur les nombreuses plages du pays. La concentration est exacerbée par le peu d'enthousiasme suscité par l'étalement des vacances. La plupart des Français ne veulent entendre parler d'autres départs qu'au cœur de l'été. De la mi-juillet à la fin août, les centres urbains revêtent un aspect fantomatique tandis que sur le littoral les corps bronzent et que sur les routes le taux d'accidents, déjà élevé, atteint des proportions horrifiantes.

D'autres font preuve de goûts plus exotiques et les départs à l'aventure sont de plus en plus nombreux, en France comme à l'étranger. De temps à autre, le gouvernement établit un contrôle des changes afin d'endiguer les conversions massives de la monnaie nationale en devises. Quand le pays connaît la liberté des changes, un Français sur quatre part à l'étranger. L'Espagne est de loin le pays où les Français se rendent le plus fréquemment, mais un nombre surprenant d'entre eux se laisse tenter par des expéditions lointaines telles que les randonnées sac à dos au Népal, ou la visite organisée des ruines des anciennes civilisations du Pérou.

Sur le territoire national, les joies du camping attirent chaque année quelque six millions d'adeptes, dont une minorité s'adonne au camping sauvage, alors que les autres se concentrent sur de vastes terrains remarquablement aménagés. Dans les quelques secteurs de la Côte d'Azur

La comtesse de Saint-Seine entraîne à la course les lévriers qu'elle élève dans son château en Touraine. Sous le poids des impôts et des dépenses énormes nécessitées par l'entretien, de nombreux membres de l'aristocratie terrienne ont dû vendre leurs châteaux, ou encore en ouvrir l'accès au public.

épargnés par la spéculation immobilière, des villes de toile de couleur bleue ou orange vif couvrent les pinèdes sur des kilomètres. Sur le littoral méditerranéen, les mœurs ont changé du tout au tout depuis la guerre. Le courant de la mode s'est transporté des villégiatures compassées de Nice et de Monte-Carlo vers le petit port de Saint-Tropez, havre de raffinement et de sensualité. Chez les jeunes vacancières, le maillot de bain une pièce a presque complètement disparu et le deux-pièces ne se porte pas mieux. Nombreuses sont celles qui négligent de mettre le haut de leur bikini et on voit même quelques poitrines découvertes dans les cafés et les boutiques du port. De nos jours, le nudisme a conquis droit de cité en certains endroits. Le cap d'Agde, par exemple, sur le littoral du Languedoc, est le plus grand centre nudiste d'Europe, avec une capacité d'hébergement de 20 000 visiteurs.

Il est un paradoxe curieux en France, à savoir que ce peuple si profondément individualiste et jaloux de son intégrité territoriale puisse s'adonner aussi joyeusement à la promiscuité pendant les vacances. Il fait alors bon marché de ses manières guindées et semble trouver un plaisir thérapeutique à transgresser les interdits sociaux. Le succès éclatant du Club Méditerranée en est la preuve. Au sein des innombrables villages qui ont désormais débordé le littoral de la seule Méditerranée pour s'implanter partout dans le monde, de nombreux citadins surmenés fuient la raideur de la vie quotidienne pour jouer les nobles sauvages, vêtus de paréos vaguement haïtiens et parés de colliers dont les perles tiennent lieu de monnaie d'échange. Dans les villages marqués par le style Club le plus pur, ils s'enchantent de vivre dans des huttes de paille, dépourvues d'électricité et d'installations sanitaires. Bien sûr, ils achètent en arrivant les perles de leurs colliers, mais en contrepartie de leur

argent, le Club leur offre bonne chère, du vin à volonté, la possibilité de pratiquer les sports de leur choix, une ambiance élégamment voluptueuse et surtout cette atmosphère de franche camaraderie que les Français ne trouvent guère dans la société cloisonnée où ils vivent en temps normal.

D'autres recherchent dans les événements sportifs ce genre de camaraderie. Les matches de football en particulier ou les étapes du tour de France cycliste sont particulièrement suivis. Mais on note un goût de plus en plus marqué pour la pratique individuelle. Certains se contenteront d'un tranquille jeu de boules dans un jardin public ; d'autres voient les choses autrement. Yves Gonnsard par exemple, 38 ans, publicitaire chevronné à Grenoble, déclare : « Je me passionne pour plusieurs sports — pour garder la forme, certes, mais aussi par goût pour la compétition. C'est très français cela — nous sommes un peuple de compétiteurs. Quoi

que je fasse — du tennis, de la voile, du ski —, je joue pour gagner, sinon ce n'est pas amusant. »

Plus de quatre millions de Français dévalent les pentes neigeuses chaque hiver, dans les Pyrénées, les Vosges, le Massif central et surtout les Alpes. Certains hôteliers aiment à évoquer ces clients fous de ski qui n'hésitent pas à franchir 600 kilomètres en voiture pendant la nuit pour le plaisir de passer un week-end à la neige. La voile est aussi en plein essor : le nombre des embarcations de plaisance privées est passé de 20 000 en 1960 à près d'un demi-million à présent. La chasse reste en faveur, mais elle accuse une certaine régression, tandis que la pêche et le tennis deviennent de plus en plus populaires. Il en est de même pour les sports équestres : le nombre des inscriptions dans les clubs hippiques s'est vu multiplié par dix au cours de la dernière décennie. Le football est un sport largement pratiqué en France

La possession d'une vieille ferme dans une province dépeuplée comme l'Auvergne est un rêve bucolique nourri par de nombreux citadins. En France, une famille sur neuf possède une résidence secondaire — proportion la plus élevée de tous les pays d'Europe.

UN PASSE-TEMPS DÉBONNAIRE

La pétanque, variante du jeu de boules, est l'un des passe-temps préférés des Français, surtout dans le Midi. L'équipement est des plus succincts: un bout de terrain plat — souvent situé sur la grand-place —, un nombre suffisant de joueurs pour donner de l'attrait au jeu et créer de l'animation, et les brillantes boules métalliques.

La partie se joue entre deux équipes de deux ou trois joueurs, chacun en possession de trois boules. L'un d'eux lance le cochonnet de bois à une distance située entre cinq et neuf mètres. Le jeu consiste à lancer les boules aussi près que possible du cochonnet ou à déloger, grâce à un tir précis, la boule trop bien placée de l'adversaire. Lorsque toutes les boules ont été lancées, l'équipe gagnante est celle à qui appartient la boule la plus voisine du cochonnet. Elle marque un point pour cette boule et pour toutes celles situées plus près du cochonnet que la plus proche des boules adverses. La partie se joue généralement en 13 ou 15 points et se dispute selon les cas en deux ou trois manches.

Disséminés comme les personnages d'un tableau de Breughel, des amateurs de pétanque disputent des parties sur une place de Saint-Tropez.

En position accroupie selon la règle, un joueur s'apprête à lancer la boule.

Fin de partie : la boule la plus proche a gagné.

avec un million et demi de joueurs sous licence, tandis que 170 000 autres sont adeptes de rugby. Enfin, dans les villes, le nombre des gymnases et des piscines nouvellement construits a beaucoup augmenté depuis quelques années.

Il n'est pourtant aucun passe-temps aussi largement partagé que l'art culinaire. Le terroir français fournit une grande variété de produits qui n'a d'équivalent que l'abondance des façons de les accommoder. Ajoutez à cela un flair national aiguisé pour concocter les bonnes choses, mêlez-y le goût de l'invention et du travail soigné, et complétez la mixture d'un haut degré de pénétration à l'égard de l'importance des tâches à accomplir, et vous obtiendrez la meilleure cuisine du monde. De tous les arts de vivre, celui de bien manger est de loin le plus typiquement national.

La cuisine française n'a pas vu le jour en un tournemain. Jusqu'au Moyen Age, les Français mangeaient à peu près comme leurs ancêtres les Gaulois, et sur les tables de leurs banquets s'amoncelaient les pièces de bœuf, de venaison, de sanglier, d'ours, de gibier à plumes, les lièvres, les chapons, les brochets et tout ce qu'on pouvait trouver d'autre. Les viandes étaient rôties ou bouillies et même parfois aussi enrobées d'un emplâtre de pâte grossière. En tout état de cause, la quantité prenait le pas sur la qualité, car le but de ces ripailles était moins de flatter le palais que de satisfaire la gloutonnerie des convives.

On fait généralement remonter les origines de la transformation des conceptions culinaires françaises à l'année 1533 qui vit les épousailles de Catherine de Médicis avec le futur Henri II. A l'époque, la jeune épouse n'avait alors que 14 ans, mais elle était déjà dotée d'un solide appétit et ne voyait pas pourquoi elle aurait laissé des troubles digestifs chroniques aggraver la nostalgie de sa patrie. Les habiles cuisi-

5

La salle à manger d'un relais routier — chaîne de restaurants que l'on peut reconnaître à leur panneau rouge et bleu —, principalement fréquenté par les conducteurs de poids lourds. La nourriture y est régulièrement contrôlée. Ces restaurants ont la réputation de pratiquer des prix très raisonnables.

niers de sa suite eurent tôt fait de modifier les habitudes gastronomiques de la cour de France, et ce sont eux qui jetèrent les fondements d'un art que le pays d'adoption de la reine n'allait pas tarder à faire sien.

Au cours du siècle suivant, les nobles et les riches se disputèrent à loisir les services d'un nombre sans cesse croissant de «maîtres de cuisine». L'art culinaire connut bientôt son premier martyr en la personne de Vatel, le maître d'hôtel du prince de Condé, lorsqu'il ne put se procurer de poisson en suffisance pour un banquet auquel était convié le roi. Quand il apprit que la marée aurait du retard, il sut ce que l'honneur lui commandait. Il se retira dans sa chambre et se transperça de son épée.

Curieusement, l'ouverture du premier restaurant ne se produisit qu'en 1765. Ce mot, qui a essaimé dans presque toutes les langues, évoque les vertus restauratives de la soupe qu'on y vendait; et maintenant encore les grands chefs se qualifient eux-mêmes, et non sans ironie, de «marchands de soupe» (mais c'est un quolibet dont ils ne se servent qu'en privé; le commun des mortels serait bien avisé de recourir devant eux à un terme plus déférent). En 1789, la Révolution bouleversa un climat établi de bien-être alimentaire en prônant une austérité spartiate. «Si cela avait duré», déclara le gastronome Grimod de La Reynière avec un frisson d'horreur, «la France eût peut-être perdu la recette de la fricassée de poulet.»

A long terme pourtant la Révolution suscita la recrudescence des amateurs de bonne chère. Les chefs de cuisine de la noblesse, laissés sur le pavé par l'exil ou l'exécution de leurs anciens maîtres, mirent leur talent au service de nombreux bourgeois républicains bien nantis. Au XIXe siècle, l'art culinaire atteignit un degré de perfection inouï. Sous le Premier Empire et la restauration de la monarchie, le prince de Talleyrand convertit

la gastronomie en un instrument de sa politique: les somptueux banquets que préparait son chef de bouche, Marie Antoine Carême, étaient aussi élaborés que les discours de son maître pour inciter les ambassadeurs étrangers à servir les intérêts diplomatiques de la France.

Carême, pour sa part, se moquait éperdument de politique: personnage vaniteux et arrogant, c'était pourtant un génie culinaire et il sut mettre à profit le budget illimité et l'armée de marmitons à sa disposition pour inventer ce que l'on a appelé depuis «la grande cuisine». Il est aussi inventeur de la haute toque plissée devenue le symbole et l'apanage du chef.

La grande cuisine telle que l'on développée avec enthousiasme Carême et ses émules est faite de recettes aussi élaborées qu'onéreuses, tant par les ingrédients qui entrent dans leur composition que par les efforts nécessaires à leur préparation: morceaux de viande de choix, profusément assortis de truffes, servis avec des sauces onctueuses — obtenues grâce à des fonds de veau ou des sucs de viande copieusement aromatisés, souvent additionnés d'œufs et de crème battus. Cette cuisine d'apparat, souvent ostentatoire, ne constitue peut-être pas la façon la plus saine de s'alimenter. Mais, servie par un maître comme Auguste Escoffier qui, en association avec le grand hôtelier César Ritz, propagea l'évangile de la gastronomie française dans toute l'Europe à la Belle Époque, c'était — et c'est tou-

5

jours — un art d'une très grande finesse.

Il n'empêche que ces pratiques culinaires ne sauraient trouver place dans la trépidante vie moderne. Si au XIXᵉ siècle le critique Sainte-Beuve, grand gourmet devant l'Éternel, pouvait écrire sans remords en caressant sa panse bien rebondie : « Réjouis-toi, mon petit ventre, tout ce que je gagne est pour toi », l'homme moderne est plus soucieux de sa ligne et, en France comme partout ailleurs, les nourritures trop riches sont frappées d'anathème.

Jamais pourtant on n'a manifesté un tel engouement pour la gastronomie. Vers 1960, la « nouvelle cuisine » a bruyamment cherché à supplanter l'ancienne afin de sauver la nation de l'obésité et des embarras gastriques. Non qu'elle soit venue ménager le compte en banque de ses adeptes, car elle a recours à des ingrédients tout aussi onéreux que ceux utilisés dans la « grande cuisine » ; mais ils sont préparés plus légèrement, selon un mode que l'on prétend plus pur puisqu'il bannit les lourdes sauces du passé, lesquelles masquaient parfois la subtilité des aliments. Elle recommande de les cuire rapidement, à l'étouffée, dans leur propre jus, un peu à la manière chinoise. Elle pratique le mélange hardi de saveurs différentes : huîtres chaudes sur un lit de poireaux ou poulet au vinaigre de framboise. La réputation du chef repose moins sur son respect de la tradition que sur son imagination.

Quelques grands chefs, patrons de leur propre restaurant, ont ouvert les voies à cette nouvelle conception : Paul Bocuse, les frères Troisgros et Michel Guérard, entre autres, dont le génie culinaire indéniable s'est taillé une réputation qui déborde le cadre national. Sous leur impulsion, la « nouvelle cuisine » a conquis ses lettres de noblesse dans les cercles gastronomiques au point que, vers la fin des années 1970, les trois quarts des restaurants réputés de France l'avaient adoptée. De façon inévitable, la liberté d'inventer à son gré a entraîné quelques abus, et de jeunes chefs en quête de fortune et de gloire se sont laissés aller jusqu'à servir une franche ignominie comme du ris de veau cru. De telles extravagances ont beaucoup contribué à discréditer la « nouvelle cuisine ».

A présent, la mode s'en est quelque peu relâchée et cette école rentre graduellement dans le sein de la tradition dont elle s'était évadée. Dans une certaine mesure, la rupture n'avait jamais été consommée et l'on a avancé qu'il s'était moins agi de tourner le dos au passé que de retrouver l'esprit de la cuisine authentiquement régionale, où la saveur intrinsèque des aliments doit être préservée.

L'ardente controverse alimentée par la «nouvelle cuisine» démontre, s'il en est besoin, que la gastronomie soulève toujours beaucoup de passion dans un pays où les grands chefs ont statut de vedette nationale et où une quantité non négligeable de livres sont consacrés à l'art culinaire. Le guide gastronomique le plus ancien et le plus vénérable est le *Michelin*, qui attribue chaque année une, deux ou trois étoiles aux meilleurs restaurants de France. Le verdict annuel est attendu avec impatience, parfois avec appréhension (dans les années 1960, un chef se suicida lorsqu'il apprit qu'il avait rétrogradé d'une étoile). Pourtant l'influence du *Michelin* semble quelque peu décliner au profit d'un guide plus vivant constitué par un tandem de journalistes, Henri Gault et Christian Millau, ceux-là mêmes qui ont lancé le terme de «nouvelle cuisine». Gault-Millau — deux noms inséparables qui sont devenus une sorte d'institution nationale — publient aussi un mensuel gastronomique, mais c'est surtout la parution du verdict de leur tour de France annuel qui fait littéralement frétiller d'impatience les gourmets et les restaurateurs.

L'amour de la bonne chère, s'il est plus tenace que jamais, s'accompagne pourtant de certaines contradictions : la percée sur le marché de certaines nourritures vite prêtes auxquelles les Français ont pourtant longtemps opposé une farouche résistance : les *fastfood*, comme on les appelle non sans amertume parfois, comme pour suggérer l'existence d'un complot américain. *Hotdogs* et *hamburgers* débités dans les *snack-bars* s'enlèvent à présent comme des petits pains. Les repas familiaux évoluent également. Si les Français mangent toujours trois fois moins d'aliments surgelés que les Britanniques ou les Allemands, ils s'y convertissent à une vitesse qui doit enchan-

Au marché de Villefranche-de-Rouergue dans l'Aveyron, les habitants échangent des nouvelles en faisant leurs achats. La plupart des villes et des bourgs ont leurs marchés en plein air où l'on trouve des produits alimentaires ainsi que toutes sortes d'articles ménagers.

La vitrine de cette charcuterie affiche la liste des spécialités du jour. Magasin où, à l'origine, on vendait des plats cuisinés, il est toujours spécialisé dans les aliments à base de porc : saucisses, jambons, pâtés et maintes spécialités culinaires régionales ou locales.

LES DIAMANTS NOIRS DE LA GASTRONOMIE

Louées par les poètes, vantées par les gourmets, les truffes figurent parmi les ingrédients les plus prestigieux et les plus onéreux de la cuisine française; et c'est avec justesse que l'écrivain et gastronome Brillat-Savarin appelait ces champignons noirs odoriférants, «les diamants noirs de la cuisine».

Les truffes se récoltent plus particulièrement dans le Sud-Ouest de la France à l'économie duquel elles apportent une contribution importante. Un certain mystère entoure leur croissance et toute tentative pour les cultiver artificiellement a échoué. Elles se plaisent dans les sols calcaires pauvres plantés d'arbres épars, de chênes notamment, entre les racines desquels elles se forment.

Elles se développent à trente centimètres de profondeur environ et il faut une certaine habileté pour les découvrir. Certains les détectent à la présence de nuages de moucherons amateurs de champignons, d'autres ont recours à leur odorat. Mais bien peu ont le nez assez fin pour les dénicher sans assistance et la plupart des chercheurs de truffes s'en remettent au flair de cochons ou de chiens dressés.

Leur grosseur varie de la taille d'un gland à celle d'une grappe de raisin. Les truffes sont vendues entières ou émincées, fraîches ou en conserve. Les bons spécimens sont fort recherchés, mais la tricherie est courante et les truffes en morceaux sont souvent embrochées sur des cure-dents pour avoir l'air entières.

Un porc dressé à flairer les truffes fouille la terre de son groin, fermement tenu en laisse par le fermier prêt à distraire au plus vite son attention, au cas où il ferait une précieuse découverte, en lui offrant une poignée de grains. Les chiens sont de nos jours plus souvent employés que les cochons, car ils n'apprécient pas cette nourriture.

Des vendeurs de truffes, avec leur récolte, à l'ouverture du marché de **Lalbenque dans le Sud-Ouest** *(à gauche).* Après un examen minutieux des spécimens — à la loupe dans certains cas —, un acheteur tend un ordre de paiement au vendeur de l'étalage sur lequel il a jeté son dévolu *(ci-dessus).*

5

ter les fabricants et faire frissonner d'horreur les mânes d'Escoffier.

Mais le bien manger est trop enraciné dans le cœur des Français pour être menacé, et il n'est l'apanage d'aucune classe sociale. Les restaurants «Les Routiers», que fréquentent les conducteurs de poids lourds, offrent toujours une excellente cuisine bourgeoise; de même, à une époque où les gens sont amenés à prendre chaque jour leur repas de midi près de leur lieu de travail — 60 p. cent des employés de la région parisienne déjeunent dans une cantine —, les syndicats et les comités d'entreprise veillent à ce que les menus soient d'une qualité qui n'a d'équivalent dans aucun autre pays.

En tout état de cause, loin de la trépidation des grandes cités, les traditions sont toujours respectées. Il suffit pour s'en convaincre de faire halte dans une petite ville de province entre midi et trois heures. Il y règne un silence quasi religieux. Les rues sont désertes, les magasins fermés et les maisons irradient une aura transcendentale. Un anthropologue martien émergeant de sa soucoupe volante serait tenté de conclure qu'il débarque à l'heure des dévotions. Et, en un sens, il n'aurait pas tort: les Français déjeunent.

Sans sa bonne cuisine, la France ne serait plus la France et un bon repas s'accompagne nécessairement d'un bon vin. Cette boisson figure en bonne place dans presque toutes les salles à manger, que ce soit un pichet de «gros rouge» sur la table d'un café de travailleurs manuels ou une prestigieuse bouteille de Bourgogne ou de Bordeaux sur celle d'un banquet gastronomique. C'est le sang qui irrigue les veines de la nation. Les bonnes années, la France produit quelque 10 milliards de bouteilles — le quart de la production mondiale —, dont 4 pour cent seulement sont destinés à l'exportation. Une certaine quantité, bien

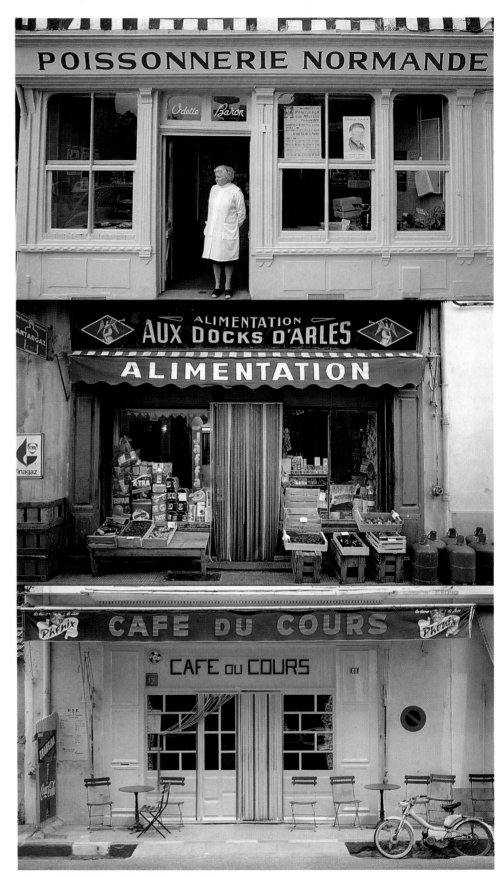

Cette poissonnerie, cette épicerie et ce café sont représentatifs des magasins traditionnels que l'on trouve en France. Depuis 1950, nombre de commerces familiaux se sont effacés devant la concurrence des hypermarchés bâtis à la périphérie des agglomérations.

sûr, sera distillée, mais le reste va couler dans le gosier pentu des Français qui consomment en moyenne 90 litres par an et par personne (hommes, femmes et enfants confondus).

La production vinicole est rigoureusement hiérarchisée et contrôlée par le gouvernement, selon des lois qui figurent parmi les plus anciennes et les plus immuables du monde. Les vins les plus prisés bénéficient de l'étiquette «appellation contrôlée». Ensuite viennent les «vins délimités de qualité supérieure» ou VDQS. En dessous, on trouve les simples «vins de pays», fleurant le terroir, et tout en bas, les «vins de table», résultat de coupages anonymes cependant contrôlés. Restent à citer les «vins ordinaires», pour lesquels seul le degré d'alcool est indiqué.

Les vins d'exportation appartiennent généralement aux deux premières catégories. Les autres — la majorité des sans grade — sont consommés sur place. On les achète pour quelques francs, parfois moins cher qu'une bouteille d'eau minérale. Au cours de ces dernières années, pourtant, ils ont subi la concurrence effrénée de vins d'origine italienne ou espagnole dont on importe quelque 800 millions de bouteilles chaque année. En conséquence, les pouvoirs publics, tout comme les viticulteurs, ont compris que sur un marché saturé et hautement compétitif, il est préférable de concentrer ses efforts sur la qualité plutôt que sur la quantité. Des allocations gouvernementales sont à la disposition des vignerons désireux d'améliorer leur récolte en arrachant les vieux cépages pour les remplacer par d'autres, plus nobles. Ainsi voit-on augmenter avec régularité le pourcentage des vins d'appellation contrôlée et des VDQS.

La vente du vin a globalement diminué dans les dernières années, du fait que l'on consomme de moins en moins de vin bon marché. En revanche, la consommation

d'alcool dans les foyers a augmenté. Le plus prestigieux de tous reste le cognac que l'on produit en Charente, aux alentours de la ville du même nom. Le cognac alimente aussi un immense marché d'exportation qui apporte une contribution appréciable à l'équilibre du commerce extérieur. Les armagnacs, au sud du Bordelais, n'ont parfois rien à envier aux cognacs, mais les tenures de la région sont petites et les producteurs manquent souvent des capitaux nécessaires pour faire face au long processus de vieillissement propre à satisfaire les palais les plus exigeants. Nombre d'autres régions viticoles produisent leur propre eau-de-vie de marc, souvent fort bonne, mais dont aucune n'a réussi à gravir les échelons de la renommée internationale.

Tous les alcools français ne proviennent pas de la vigne. Les pommes de Normandie et de certaines régions de Bretagne fournissent le calvados, un alcool fort et parfumé qui, une fois vieilli, est susceptible

d'atteindre la qualité de certains cognacs. L'Alsace, quant à elle, distille une exquise eau-de-vie de mirabelle. Et tout le Midi de la France aime, quand il fait chaud, se rafraîchir d'un pastis au goût anisé que l'on boit additionné d'eau et de glaçons. De nos jours, cependant, l'alcool le plus couramment vendu en France n'est pas français: c'est le whisky écossais, dont les adeptes ont quadruplé au cours de la dernière décennie, surtout au sein de la classe moyenne.

Toutes ces joyeuses rasades ont cependant une triste contrepartie. Les Français, qui ont absorbé en moyenne 14,8 litres d'alcool pur *per capita* en 1980, comptent parmi les plus gros buveurs de la planète. Cette même année, on recensait une consommation de 12,7 litres par personne en Allemagne fédérale, de 8,7 aux États-Unis et de 7,1 en Grande-Bretagne. Les retombées sur la santé publique sont tristement prévisibles. Près de 20 000 personnes

LES AMOUREUX
DU SOLEIL

L'exode annuel vers les plages du littoral est l'un des phénomènes les plus spectaculaires en France. Près de la moitié des estivants se rendent au bord de la mer et, comme ils prennent leurs vacances de préférence en juillet et en août, il en résulte de gigantesques encombrements routiers et la congestion des centres de plaisance, alors que les villes deviennent quasi désertiques.

Mais les vacanciers adorent ça. Pendant trois ou quatre semaines, ils se bronzent au soleil, nagent, mangent et boivent, prennent du poids et se délestent de leurs vêtements, se font des amis, édifient des châteaux de sable ou s'adonnent aux délices de l'inaction. Lorsque vient le temps de rentrer, ils se jettent de nouveau dans les embouteillages et abandonnent tous en chœur leurs hôtels, lesquels auront souvent bien du mal à survivre jusqu'à l'invasion de l'année prochaine.

En dépit des efforts des pouvoirs publics pour étaler les vacances, 80 p. cent des Français partent entre le 14 juillet et le 31 août. Cependant comme la durée des congés payés en France est la plus longue d'Europe, ils disposent en outre d'autres périodes où ils ne sont pas tenus de travailler.

5

meurent chaque année des conséquences de l'alcoolisme, et tout particulièrement de cirrhose du foie. Seules les maladies cardiaques et le cancer — parfois en relation avec l'alcoolisme — engendrent un taux de mortalité supérieur. Près de 40 p. cent des personnes hospitalisées présentent des symptômes d'éthylisme et deux tiers des enfants handicapés mentaux sont issus de parents alcooliques. Ce problème se manifeste plus fréquemment chez les consommateurs de gros rouge et d'eaux-de-vie bon marché que chez les buveurs de whisky et d'alcools de bonne qualité. Curieusement, le mal est moins aigu dans les provinces viticoles du Midi qu'en Bretagne et dans le Nord où on importe le vin bon marché en grandes quantités. Les enquêtes révèlent que nombre de Bretons boivent jusqu'à cinq litres de rouge par jour.

Pour sombres que soient les statistiques, elles indiquent une nette amélioration par comparaison avec la situation dans les années 1960 où la consommation moyenne d'alcool s'élevait à 28 litres par adulte. Les pouvoirs publics alarmés n'ont épargné aucun effort pour mettre en garde les Français contre les méfaits de l'alcoolisme. La croissance économique a dans bien des cas incité les consommateurs à préférer la qualité à la quantité, ce qui n'a sans doute pas allégé leur budget mais à coup sûr l'état de leur cœur et de leur foie.

En France également, comme dans bien d'autres pays du monde occidental, le souci croissant que l'on porte à se maintenir en bonne forme a incité bien des gens, les jeunes en particulier, à s'abstenir de boire avec excès. Les ventes de jus de fruits et d'eaux minérales ont triplé en dépit de leur coût relativement élevé. Une jeune secrétaire de 23 ans, habitant Nancy, résume ainsi cette attitude: «Lorsque je vais au café avec mes amis en sortant du travail, nous prenons de préférence des boissons gazeuses ou de l'eau minérale,

rarement un apéritif. Nous boirions plus souvent des jus de fruits s'ils ne coûtaient deux fois plus cher que le vin — c'est ridicule. Je rentre déjeuner à la maison. Mes parents boivent du vin, mais moi je prends un verre de lait. C'est plus sain.»

Les plaisirs d'ordre matériel mis à part, il est un aspect plus sombre dans la France nouvelle de l'abondance et des loisirs, qui reflète la tension psychologique imposée à des individus obligés de s'adapter à des conditions de vie différentes, si agréables soient-elles. Au début de l'après-guerre, la France s'est urbanisée à vive allure, peut-être trop vite pour son bien. Les villes ont doublé ou triplé de taille alors que les paysans fuyant la terre par centaines de milliers se voyaient confrontés aux modes de vie trépidants de la grande ville. Des millions d'habitants ont été relogés depuis la guerre dans des banlieues récemment créées où leurs conditions d'existence sont de loin plus confortables que dans leurs anciens taudis ou dans leurs habitats campagnards. Et pourtant, ils n'ont pas toujours trouvé facile de s'y accoutumer. La prospérité s'est accompagnée pour eux des désagréments d'un environnement bruyant, de villes congestionnées, d'un univers en proie à la compétition.

Inévitablement une réaction devait surgir. A partir de 1960, comme partout dans le monde occidental, s'est dessiné un certain souci d'écologie. Pour beaucoup, ce ne fut qu'un nouveau sujet à débattre, s'ajoutant au répertoire des discussions de café ou de salle à manger. D'autres y puisèrent le désir vivace de se mettre en quête de leurs racines rurales — et en France, pour des raisons historiques, ces racines sont à la fois plus profondes et plus accessibles que partout ailleurs.

Beaucoup ont satisfait à ce besoin en achetant une maison à la campagne ou en se livrant à de longues excursions au

cœur du pays; mais il fallait à certains se replonger de façon plus permanente au cœur de la France profonde, où les liens avec le terroir demeurent étroits. En règle générale, il ne pouvait être question de retourner à la terre, car les exploitations agricoles sont à présent difficiles à trouver. Mais certains ont cherché à entrer dans de petites entreprises proches de la maison ancestrale. Parfois même un nouveau départ semblait plus important qu'un retour aux sources: on a vu par exemple des Parisiens lassés de se débattre dans le panier de crabes de la grande ville abandonner des postes importants pour aller implanter une petite société dans un coin perdu de province qu'ils ne connaissaient même pas.

Plus radicaux encore sont les sentiments de certains jeunes intellectuels citadins, qui préfèrent abandonner la perspective d'une carrière toute tracée pour s'installer sur quelque haut plateau, dans les Cévennes, par exemple. Animés dans bien des cas par les idéaux de la révolte estudiantine de 1968, ils optent pour une vie «plus pure», d'une simplicité monastique, où les questions matérielles sont réglées grâce à l'entretien d'un potager, à quelques modestes cultures, à un peu d'élevage — quelques chèvres, peut-être paissant sur un petit arpent rocailleux — et à des travaux d'artisanat vendus l'été aux gens de passage. On les appelle «les marginaux», et ce mot est approprié car ils se situent à la frange de la société. Certains manquent leur adaptation et reviennent dans les villes. D'autres, plus déterminés, semblent vouloir rester. C'est le cas de Jean-Luc, ancien instituteur à Lyon. Endurci à présent par le dur labeur et les hivers rigoureux du Massif central, il se déplace monté sur un robuste poney, austère équipage bien à la mesure du paysage rugueux. «Lorsque je travaillais dans le système, dit-il, je ne savais pas qui j'étais. Je ne sais toujours pas comment me désigner. Un intellectuel rénégat? Un hippy? Un paysan? Peut-être. Mais je vais vous dire ceci: je sais maintenant que je suis moi.»

Les marginaux sont peu nombreux et leur influence minime. Pourtant, de façon générale, la France a pris conscience des valeurs liées à l'environnement, et l'expression «qualité de vie» est désormais dans toutes les bouches. Il n'est que de voir la détermination avec laquelle on restaure les vieux édifices, on crée des zones piétonnes pavées à l'ancienne dans le centre des vieilles villes, on fait revivre les coutumes régionales et proliférer les manifestations artistiques au niveau local. L'histoire provinciale suscite un regain d'intérêt généralisé — illustré par le grand succès de *Montaillou* d'Emmanuel Le Roy Ladurie, long récit érudit de la vie au Moyen Age dans un village cathare des Pyrénées, dont les ventes ont dépassé le million d'exemplaires. Mais cet état d'esprit se traduit aussi par la quête de satisfactions privées en compagnie de quelques amis choisis ou dans le cadre d'un groupe communautaire. Le goût croissant pour la musique, le sport, la cuisine élaborée en certaines occasions témoignent d'un penchant certain pour un épicurisme plein de retenue.

Reste à savoir où conduiront ces nouvelles tendances. Elles indiquent seulement pour l'instant un désir profond de changement d'orientation, après trois décennies de croissance. Il semble que l'on aspire désormais à un type de société plus aimable, moins agitée et moins ambitieuse, particulièrement axée sur l'autonomie locale, l'importance de la chaleur humaine et l'entraide communautaire. Comme le dit un homme d'âge mûr installé dans un village de la région parisienne : «Les gens ont enfin compris que la vie est courte et que le travail, après tout, n'est pas le centre de tout. Peut-être sommes-nous en train de redécouvrir ce que signifie la joie de vivre.»

Le fusil sur l'épaule, un chasseur du dimanche rentre d'une journée de marche en région bordelaise. La chasse est un sport répandu. En 1980 on a délivré en France 2 millions de permis de chasse, ce qui constitue le pourcentage le plus élevé d'Europe.

LA FAMILLE

A la Grande Borne de Grigny, à 25 km au sud de Paris, cet ensemble de longues H.L.M. sinueuses abrite 15 000 personnes. De nombreuses autres ont été édifiées depuis 20 ans pour faire face à l'expansion démographique galopante de la région parisienne.

Jadis, dans les foyers français, l'autorité s'exerçait selon un schéma rigoureux. Le père, détenteur du pouvoir, se faisait obéir à la manière d'un patriarche. Le code civil napoléonien, promulgué en 1804, donnait au mari le droit de disposer des biens de son épouse, de lui interdire de travailler et l'autorisait même à ouvrir le courrier de celle-ci ; et, en tant que père, ses droits sur ses enfants étaient tout aussi absolus. Ces dispositions, ainsi que certaines autres d'inspiration comparable, furent progressivement réformées au cours du siècle suivant, mais ce n'est qu'en 1942, sous le gouvernement de Vichy, qu'une loi établit le principe de l'égalité des droits des époux. En réalité, les femmes durent attendre la loi sur le mariage de 1964 pour pouvoir ouvrir un compte en banque, tenir une boutique ou obtenir un passeport sans l'autorisation de leur mari.

La situation est aujourd'hui bien différente. La famille reste l'unité de base de la vie sociale, mais les libertés et la prospérité acquises depuis 1945 ont notablement modifié les comportements.

Tout d'abord, la famille ne recherche plus comme avant le soutien spirituel de l'Église catholique. Le nombre des pratiquants a décru de manière spectaculaire. Bien que 86 p. cent des Français aient reçu le baptême, seuls 14 p. cent vont régulièrement à la messe. De 1965 à 1980, le nombre des prêtres a chuté de 20 p. cent et on n'en compte aujourd'hui que 32 000 ; cette période a vu le total des ordinations passer de plus de 500 à 111. La plupart des catholiques français pénètrent rarement dans une église, sauf pour les baptêmes, les mariages ou les enterrements. L'autorité morale de l'Église a également diminué, notamment en raison de ses propres dissensions internes. Les lois contre la contraception, votées en 1920 face aux terribles pertes en vies humaines subies par le pays durant la Première Guerre mondiale, furent abrogées en 1967, malgré l'opposition catholique, et les moyens contraceptifs sont désormais plus accessibles. Il s'ensuivit une forte baisse du taux des naissances à partir du milieu des années 1970 et l'on compte désormais une moyenne maximale de deux enfants par couple marié. L'interruption volontaire de grossesse (IVG), légalisée en 1974, est devenue pratique courante et, au début des années 1980, pour cent naissances, on comptait 22 IVG, proportion supérieure à celle des autres pays du Marché commun, exception faite du Danemark et de l'Italie.

La réforme du divorce, qui autorise les couples à se séparer par consentement mutuel, intervint en 1975. Cette mesure contribua à accélérer une tendance, déjà marquée, à l'accroissement du nombre des ménages disloqués ; aujourd'hui, un mariage sur cinq se termine par un divorce et ce taux progresse. Les statistiques font apparaître que les ruptures sont plus courantes en milieu urbain et parmi les couples qui se sont mariés jeunes. C'est souvent la femme qui demande le divorce et 68 p. cent de celles qui prennent cette initiative ont un métier. Dans la plupart des cas, la femme reçoit la garde des enfants et, dans deux cas sur trois, conserve le domicile conjugal.

Les liens familiaux traditionnels se sont longtemps maintenus grâce au manque de ressources économiques, qui empêchait les jeunes de quitter la maison et tissait un réseau d'interdépendance financière. Dans

6

les campagnes, la puissante structure familiale, qui englobait les ascendants et les collatéraux, s'est relâchée avec la prospérité de l'après-guerre à mesure que les jeunes émigraient vers les villes et leurs banlieues, attirés par des moyens d'existence plus élevés et plus réguliers. Mais si la cellule familiale, dans son acception la plus vaste, a pâti de cette prospérité, celle-ci, en revanche, a favorisé le noyau plus restreint des parents et des enfants. Et en ce qui concerne le logement, les conditions de la vie familiale se sont considérablement améliorées au cours des deux ou trois dernières décennies.

Le recensement de 1954 révéla que seuls 10 p. cent des logements français étaient équipés d'une baignoire ou d'une douche et 27 p. cent de W.C. intérieurs. Durant les années 1960, on parlait encore de la pénurie de logements comme d'une honte nationale et on accusait fréquemment les taudis d'être des foyers de criminalité, de suicide et de maladie mentale. Face aux protestations qui allaient en s'amplifiant, le gouvernement finit par lancer un vaste programme prévoyant la construction de milliers d'habitations à loyer modéré, les fameuses H.L.M. Au départ, les appartements y étaient peu spacieux et manquaient souvent de salles de bain. Mais leur qualité s'améliora peu à peu et, entre 1954 et 1975, le pourcentage de foyers sans baignoire ou sans douche passa de 90 à 23 p. cent et celui des habitations sans W.C. intérieurs de 73 à 20 p. cent. A partir de 1972, on construisait quelque 500 000 logements par an, mais ce rythme s'est aujourd'hui à nouveau ralenti.

Les défenseurs de la nature dénoncèrent vivement cette laide prolifération d'immeubles autour des villes de quelque importance — phénomène déjà observé un peu partout en Europe — mais, pour les mal logés, le programme d'H.L.M. représentait l'élément le plus notable des me-

Parmi les 20 millions de travailleurs manuels que compte la France, quelque 10 000 artisans, plombiers, maçons, menuisiers, charpentiers et serruriers sont affiliés à une confrérie d'élite dont les membres s'appellent les «compagnons du devoir». Ses origines remontent au Moyen Age où les «compagnons», au cours de cérémonies d'initiation *(ci-dessus)*, admettaient parmi eux des apprentis qui, préalablement, pendant cinq ans, avaient effectué un tour de France afin d'apprendre des anciens les subtilités du métier. A leur retour, ils devaient produire un «chef-d'œuvre», miniature qui témoignait de la maîtrise de leur art. L'affiliation à la corporation les engage non seulement à veiller aux intérêts des autres compagnons, mais aussi à maintenir à un niveau élevé la qualité de leur travail.

sures sociales prises depuis la guerre. Peu à peu, le problème du logement cessa de se poser avec autant d'acuité. L'amélioration du confort des H.L.M. suscita de plus grandes exigences et les doléances émanent souvent de ceux-là mêmes qui à présent bénéficient de leurs tarifs subventionnés.

Marcel Rechignac, membre de l'équipe de nuit dans une usine textile non loin de Lille, habite à Tourcoing, avec sa femme et ses enfants, un petit pavillon H.L.M. à un étage. Cet interminable ensemble d'usines, de crassiers, de centres commerciaux et de lotissements constitue le décor de la quatrième agglomération de France.

Marcel Rechignac reconnaît malgré tout que ses conditions de vie sont meilleures que celles de ses parents, qui disposaient d'un seul W.C. pour dix maisons et d'un robinet d'eau pour sept familles, mais il demeure insatisfait. La vie dans une H.L.M. est, dit-il, une « catastrophe ». Les pièces sont bien trop exiguës pour loger confortablement une famille qui comprend trois garçons de 20, 17 et 14 ans. La réglementation des H.L.M. stipule qu'une chambre doit suffire à deux enfants du même sexe, quel que soit leur âge, ce qui ne laisse que trois pièces à la famille. Le rez-de-chaussée se compose d'une cuisine équipée d'une machine à laver et d'un congélateur, et d'une salle de séjour où trône une énorme télévision et où, autour de la petite table recouverte d'une toile cirée, la famille se tient ordinairement. En dehors des étagères, qui supportent une collection de porcelaines et des bouteilles d'apéritif, il y a peu de meubles. Et le tableau serait incomplet si l'on omettait de mentionner le chien bien-aimé.

Marcel, la quarantaine, est originaire du Gard; trapu, son embonpoint généreux et son double menton trahissent son goût de la bonne chère bien arrosée. Sa femme, Marcelle, travaille dans une grande firme

textile à l'approvisionnement des machines en lourdes balles de fil de laine. Comme elle prend son service à 1 heure de l'après-midi pour terminer à 9 heures le soir, les époux n'ont guère le temps de se rencontrer en dehors des week-ends. Malcommode, cet arrangement est néanmoins nécessaire : le tarif de nuit permet à Marcel de gagner 25 p. cent de plus que les ouvriers de l'équipe de jour et ce supplément constitue un apport non négligeable aux revenus de la famille.

Commencé à 9 heures du soir et terminé à 5 heures du matin, son travail n'exige de lui que des gestes répétitifs et ennuyeux — « pas besoin d'être saint-cyrien pour faire ce boulot ». Pour cette raison ses camarades et lui s'accordent des pauses plus nombreuses et plus longues que les vingt minutes autorisées. Marcelle, astreinte à la station debout, ne se repose aussi que lorsqu'elle sort de temps en temps fumer une cigarette. Elle gagne environ les trois quarts du salaire de son mari — légèrement plus que ce qu'il toucherait dans l'équipe du jour —, et elle a choisi de travailler l'après-midi afin de pouvoir accompagner ses fils à l'école, faire les courses et le ménage et préparer les gamelles de midi pour son mari et elle.

Marcel, syndicaliste militant à Force ouvrière, appartient à diverses organisations et il est délégué au comité d'entreprise de son usine. L'un de ses plus cuisants souvenirs reste la perte de son précédent emploi en raison de ses activités syndicales. D'après le récit qu'il en donne, l'entreprise dans laquelle il travaillait lui offrit de l'élever au poste de surveillant s'il acceptait de renoncer à sa fonction de délégué du personnel. Il refusa et, huit jours plus tard, il était licencié.

Les Rechignac vivent sur un budget extrêmement serré et il ne leur reste que très peu d'argent pour faire face à une dépense imprévue. Leur loyer, qui absorbe

15 p. cent du salaire de Marcel, est augmenté à deux reprises chaque année pour compenser les effets de l'inflation. Ils reçoivent une allocation familiale qui en couvre la presque totalité, mais cette somme va subir une forte diminution lorsque Patrick aura atteint sa majorité et sera considéré économiquement indépendant.

Leur prestation est réduite du fait que les parents travaillent tous les deux, mais les Rechignac ont calculé que le montant de leurs deux salaires est supérieur au simple cumul de celui de Marcel et des allocations. Environ 20 p. cent de leurs revenus servent à payer les traites de leur voiture, acquise trois ans auparavant, ainsi que celles de leurs biens d'équipement ménager; l'économie domestique mobilise, quant à elle, 30 p. cent de leurs ressources, soigneusement gérées par Marcelle qui, une fois par mois, remplit le congélateur de produits achetés à l'hypermarché. La famille apprécie la bonne nourriture. Ils mangent de la viande tous les jours, souvent du bœuf de premier choix, luxe pour lequel ils sont prêts à consentir maints sacrifices. « Je préfère acheter moins de meubles », déclare Marcel, « et manger comme il faut. »

Ainsi que la grande majorité des ouvriers français, les Rechignac doivent prendre leur mois de vacances en août et ils arrivent en général à économiser assez d'argent pour partir. Pendant de nombreuses années, ils ont gardé une caravane à Cayeux, sur la côte de la Manche, entre Dieppe et Le Touquet, mais décidèrent finalement de la vendre lorsqu'ils se rendirent compte que le paiement du stationnement à l'année était de l'argent gaspillé. Puis, pendant deux ans, ils louèrent un appartement dans la montagne au-dessus de Saint-Raphaël. Plus récemment, ils sont allés sur la côte atlantique, au nord de Bordeaux. Pour Marcel, les vacances sont devenues l'occasion de connaître son pays.

6

Les voyages à l'étranger semblent ne l'avoir jamais tenté.

En dehors de la pêche, qui est l'occupation favorite de ses week-ends, il regarde la télévision, sans réellement se soucier du programme. Marcelle a moins le goût du petit écran, mais elle dispose aussi de moins de temps: les week-ends se passent pour elle à faire la lessive, les courses et le ménage. A ses moments perdus, elle aime aller rendre visite à ses sœurs qui habitent Roubaix. Les Rechignac ne reçoivent guère — ils ont à cœur de traiter convenablement leurs hôtes mais ne peuvent se le permettre souvent —, et ne sont allés au cinéma qu'une fois en huit ans. A la différence de son épouse qui n'aime pas lire, Marcel est grand lecteur de romans policiers; mais ils n'achètent ni ne lisent de journaux. Bien que n'ayant pas été mariés à l'église, ils ont fait baptiser leurs fils, plus par respect pour la tradition que par conviction personnelle. Aujourd'hui, les seules occasions d'entrer dans une église sont pour Marcel les baptêmes ou les mariages; quant à Marcelle, c'est pour y écouter de la musique religieuse.

Comme tous les parents, les Rechignac souhaitent voir leur progéniture réussir dans la vie, mais ils savent que la voie est loin d'être tracée. Depuis longtemps, ils se sont faits à l'idée que leurs enfants n'étaient pas doués pour les études universitaires et que seule leur restait la possibilité d'obtenir des diplômes d'ouvriers qualifiés. Marcel, l'aîné, abandonna cependant son école de menuiserie à l'âge de 17 ans pour aller travailler pendant deux ans en usine jusqu'à son appel sous les drapeaux. Quelques semaines à peine après son retour à la vie civile, l'usine ferma et il est depuis lors au chômage. Il espère que l'agence locale pour l'emploi lui fournira la possibilité d'acquérir une formation commerciale; si, au terme de cet apprentissage, il ne parvient toujours pas à trouver

du travail, il aura droit à une allocation supplémentaire.

Patrick et Bruno fréquentent l'un et l'autre un établissement d'apprentissage professionnel en vue de devenir, respectivement, couvreur et menuisier qualifiés. Leurs parents en seraient ravis, car ils craignent qu'en l'absence de diplômes leurs fils ne restent pour toujours des ouvriers spécialisés. «Mon vœu le plus cher», dit Marcel, «est qu'ils aient une vie plus heureuse que la mienne et ne soient pas obligés de travailler la nuit.»

L'éducation des enfants est un souci que les Rechignac partagent avec tous les parents, quelle que soit leur classe sociale, car la réussite scolaire se pose dès l'entrée à l'école comme un idéal à atteindre. Si les parents le désirent, ils ont la possibilité d'inscrire leurs enfants, dès l'âge de deux ans, dans une école maternelle où des jeux et des activités de groupe sont organisés pour eux, où ils peuvent peindre et dessiner et où, vers l'âge de cinq ans, ils apprennent les rudiments de la lecture, de l'écriture et du calcul. Ces écoles sont l'un des éléments les plus réussis et les moins critiqués du système d'éducation français.

Le programme de l'école élémentaire, où les enfants commencent à recevoir un enseignement primaire, vise à leur inculquer des connaissances de base en lecture, en écriture et en arithmétique; mais à la différence de la plupart des autres pays, où les enfants passent chaque année, par tranche d'âge, dans la classe supérieure, en France, ceux qui n'ont pas atteint un certain niveau doivent redoubler la classe, même si leur retard ne porte que sur quelques matières. Seule une moitié environ des effectifs des écoles primaires accèdent au secondaire sans avoir à redoubler au moins une fois. Les méthodes d'enseignement varient énormément; dans certaines écoles règne une discipline stricte, dans

d'autres, au contraire, l'atmosphère est détendue et les enfants appellent les instituteurs par leur prénom.

Vers onze ans, l'enfant entre au collège (CES). En principe, c'est un même système d'enseignement secondaire qui est offert à chaque élève mais, en pratique, le système favorise les privilégiés: la réussite d'un enfant dépend, dans une certaine mesure, de la position économico-culturelle de ses parents. Les difficultés commencent ordinairement vers 14 ans, à la troisième ou quatrième année passée dans le secondaire, pendant le «cycle d'orientation».

Cette étape donne lieu à une évaluation de la personnalité, des intérêts et des capacités de l'enfant, dans le but de déterminer les diplômes qu'il lui convient le mieux d'acquérir. Cette décision est grave car elle engage l'avenir entier de l'adolescent. Ses professeurs doivent ainsi tenir compte à la fois du désir des parents et de celui de l'élève; les parents des classes aisées sont plus à même de peser sur la décision d'un professeur que ceux des classes ouvrières.

L'étape suivante illustre encore mieux le peu de réalité du principe de l'égalité des chances pour tous. Les enfants qui veulent quitter l'école à 16 ans sont tenus de passer un examen dont la valeur est pratiquement nulle. Ceux qui désirent apprendre un métier se seront dirigés, à l'âge de 13 ou 14 ans, vers une école technique où un enseignement de deux ans aboutit, par exemple, à un certificat d'aptitude professionnelle, le CAP, lequel est décerné en fonction des résultats scolaires et au terme d'un certain nombre de tests.

A la sortie du collège, le cycle des études secondaires peut se poursuivre dans un lycée où, à partir de 15-16 ans, les élèves entament la préparation du redoutable baccalauréat, examen rigoureux et approfondi que l'on passe vers 18 ans et dont on a dit qu'il était l'obsession de la classe moyenne française. Cette épreuve apparaît

d'autant plus effrayante qu'elle est le premier examen public de toute la scolarité de l'enfant. Le bac est la clef qui donne accès à l'enseignement supérieur — l'université n'est pas ouverte aux non-bacheliers — et constitue la première étape d'une carrière réussie; l'échec au baccalauréat, sorte de disgrâce, ferme de nombreuses perspectives d'avenir.

Les élèves qui se présentent au bac ont le choix entre différentes dominantes dont la plus prestigieuse est l'option C (mathématiques, sciences et économie), car c'est surtout elle qui prépare la voie aux grandes écoles, dans lesquelles passent la plupart des sujets ambitieux. La proportion d'enfants d'ouvriers à pouvoir choisir l'option C n'excède guère les 5 pour cent.

Creuset de l'élite, les grandes écoles éclipsent le prestige des universités et les font passer au second rang. Quiconque est détenteur du baccalauréat peut entrer à l'université. En application des réformes postérieures au soulèvement étudiant de 1968, les 23 universités furent scindées en 76 unités nouvelles plus petites et plus faciles à gérer. Les universités sont des corps semi-autonomes dont chacun élit son conseil de direction, dans lequel les étudiants sont représentés. Au niveau académique, le fossé entre enseignants et étudiants s'est réduit, la disproportion du nombre de maîtres assistants par rapport au nombre d'étudiants s'est faite moins accusée et la pratique du travail de groupe — les séminaires, par exemple — s'est couramment répandue.

Cependant, malgré la progression du nombre des inscriptions qu'ont entraînée les réformes, le taux d'abandon reste élevé. L'État accorde peu de bourses et les étudiants découragés par la tension et les efforts que réclame l'enseignement supérieur ne sont pas rares. Étant donné l'ouverture de la politique d'admission, nombre d'entre eux commencent leurs études sans se proposer sérieusement de les mener à bien et d'obtenir leur diplôme. En outre, face au chômage qui frappe aussi les diplômés depuis le milieu des années 1970, certains étudiants ont commencé à remet-

UN HAUT LIEU DE LA FERVEUR

En quête de secours spirituel ou motivés par l'espoir d'obtenir la guérison de maux les plus divers, près de 3 millions de pèlerins se pressent chaque année à Lourdes, au cœur des Pyrénées où, en 1858, une petite paysanne de 14 ans, Bernadette Soubirous, fut gratifiée de 18 apparitions de la Vierge Marie dans la grotte de Massabielle. Une source souterraine qui jaillit lors d'une visitation fut déclarée miraculeuse et l'authenticité des visions de Bernadette reconnue par le Vatican en 1862. En 1879, Lourdes était devenu un lieu de pèlerinage très vénéré.

A présent, les mois d'affluence se situent d'avril à octobre, où les malades comme les bien portants s'immergent dans l'eau froide de la piscine de la grotte, et assistent à d'immenses déploiements de ferveur populaire devant la basilique.

Le jour de l'Ascension, entourés d'un cercle d'invalides en fauteuils roulants, des pèlerins grabataires ont été disposés en forme de croix devant la basilique de Lourdes. Entre 1878 et 1978, l'Église a homologué 64 cas de guérison, sur plus de 5 000 rapportés.

tre en question l'utilité d'une formation universitaire pour la carrière qu'ils envisagent. Beaucoup d'entre eux se voient contraints de reconnaître qu'un parchemin, particulièrement en lettres, se révélera moins attrayant sur le marché du travail qu'un titre obtenu dans une des universités techniques créées après 1966 ou dans une des écoles spécialisées d'où sortent, entre autres, les comptables, les hôteliers ou les restaurateurs.

Le système d'enseignement d'État est complété par un vaste réseau d'écoles privées dont la plupart sont placées sous l'égide de l'Église catholique. Une subvention leur est versée à condition que les matières prescrites par l'Éducation nationale figurent à leur programme, mais elles restent libres d'organiser leur emploi du temps à leur guise et d'offrir de surcroît un enseignement religieux. C'est ce dernier aspect qui traditionnellement a incité les parents à y envoyer leurs enfants, mais au cours des années récentes les classes à effectif réduit et la discipline stricte de nombre de ces institutions ont contribué à renforcer l'attrait qu'elles exercent. Environ un enfant sur six fréquente l'école privée et cette proportion est plus élevée dans les régions où le catholicisme est profondément enraciné comme la Bretagne et l'Ouest de la France.

Comme pour les Rechignac, l'éducation est pour les Tebaldini une question importante, car ils ont trois enfants en âge scolaire. A d'autres égards, toutefois, les deux familles vivent dans des mondes différents. Les Tebaldini habitent à Brétigny, petit village de Bourgogne qui ne compte guère que 500 âmes où ne fleurissent d'autres commerces qu'un boulanger, un épicier, un boucher et un triste magasin de jouets. Mais à dix kilomètres de là il est possible de faire de plus amples acquisitions dans l'agglomération de Dijon, capi-

tale régionale. L'implantation des maisons modernes contraste violemment avec l'architecture traditionnelle du village. La campagne environnante est plate et formée principalement de grands champs de blé coupés de bosquets et striés par le réseau d'autoroutes, de voies de chemin de fer et de canaux menant à Dijon.

Les Tebaldini sont des représentants typiques de la classe moyenne montante. Claude Tebaldini, 36 ans, tient avec trois de ses quatre frères un hôtel-restaurant sur la route Dijon-Langres. Son épouse, Geneviève, également âgée de 36 ans, reste à la maison pour s'occuper des enfants: Florence, 13 ans, Carole, 10 ans, et Fabrice, 5 ans. Ils habitent une des maisons modernes de la périphérie de Brétigny. D'une propreté impeccable, le logis s'agrémente d'un grand jardin bien entretenu. L'intérieur est meublé de façon moderne, et comporte deux télévisions, un magnétoscope, un piano flambant neuf et, dans la cuisine, un lave-vaisselle, un gril à hauteur d'œil et de nombreux placards. Les quelques marches d'entrée, recouvertes de tommettes, mènent à une salle de séjour donnant sur la cuisine, quatre chambres à coucher, une salle de bains et une douche. Le sous-sol se compose d'un garage, d'une buanderie et d'une grande salle de jeux où est dressée une table de ping-pong. Devant la porte, deux voitures sont stationnées.

Comme l'indique le nom de Claude, sa famille est d'origine italienne: son grand-père est venu en France alors qu'il était encore enfant. C'est le père de Claude qui a jeté les bases de la prospérité actuelle en achetant une carrière et une sablière dont l'exploitation se révéla profitable. Il acheta ensuite un bistrot en faillite et créa l'établissement que dirigent désormais ses enfants; par la suite il ouvrit à côté une station-service. Doté d'une grande aire de stationnement, le restaurant peut accueillir par jour, à la haute saison, une douzaine

de cars de touristes auxquels sont proposés des menus allant du repas économique à prix fixe à une formule plus élaborée mais d'un prix raisonnable.

Les débuts de l'entreprise familiale ne furent pas exempts de difficultés pour Claude. Après avoir été apprenti charcutier pendant trois ans, il travailla dans l'hôtel de son père. Les disputes y étaient constantes et il allait souvent offrir ses services ailleurs, comme cuisinier ou aide-charcutier et — pendant deux ans d'absence consécutifs à un désaccord particulièrement grave — comme conducteur de camions. Il rencontra Geneviève lorsque celle-ci trouva un emploi de serveuse à l'hôtel. Cinq ans après s'être mariés et installés, le père ayant pris sa retraite, Claude et ses trois frères reprirent l'affaire en main. Ils ont depuis ce temps travaillé dur et réussi, malgré des querelles constantes, et désormais Claude a conçu le projet de monter sa propre affaire.

Claude Tebaldini gagne plus d'argent à lui seul que les deux époux Rechignac réunis — de quoi mener un train de vie aisé, en tous cas supérieur à celui qu'il avait connu dans son enfance. Une acquisition judicieuse lui a permis de faire fructifier son capital: il y a dix ans, il acheta une maison dans un nouveau lotissement, la vendit le double du prix d'achat sept ans plus tard, et put ainsi acheter celle d'à côté, plus grande — leur maison actuelle —, sans devoir emprunter. Cet investissement a pris depuis régulièrement de la valeur: proche de Dijon, Brétigny est devenu un agréable village qui abrite nombre de résidences secondaires.

Étant donné que ni Geneviève ni Claude n'ont fréquenté l'école bien longtemps — elle a abandonné les études à 16 ans et il n'a obtenu qu'une qualification technique mineure —, ils sont particulièrement désireux de voir leurs enfants réussir à l'université. De fait, Florence obtient de bons

gaëlle steven

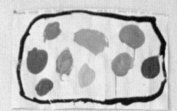

A.B.K.D.E.F.G.H.I.J.C.H.C'H.L.M.N.O.P.R.S

a.b.k.d.e.f.g.h.i.j.ch.c'h.l.m.n.o.p.r.s

Trois enfants et leur maître devant le tableau noir, surmonté d'une banderole avec l'alphabet breton, dans une école maternelle de Lorient.

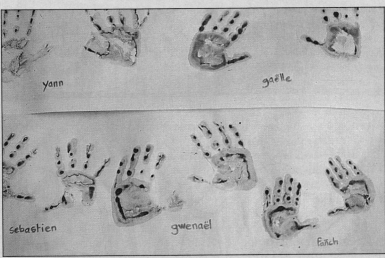

La petite Gaëlle s'est représentée elle-même sous les traits d'un clown.

Des petits Bretons ont signé de leur nom les empreintes de leurs mains.

Sur ce livre, le texte français est masqué par sa traduction en breton.

RENAISSANCE D'UNE LANGUE ANCIENNE

Les Français ne se sont pas toujours exprimés dans une seule langue. L'occitan, que l'on parle encore dans les régions méridionales, fut longtemps aussi répandu que le français, et la Bretagne — peuplée de groupes de Britanniques enfuis de leur île — parla pendant des lustres une langue celtique proche du gallois. Lorsqu'en 1532 cette province fut incorporée au royaume de France, elle possédait une identité fermement enracinée et une culture bien à elle.

Pendant 250 ans, la Bretagne résista à la centralisation mais, au XIXe siècle, les pouvoirs publics résolurent de l'intégrer vaille que vaille à la culture nationale. Le breton fut proscrit, les enfants punis s'ils le parlaient à l'école et les conscrits moqués. Il en résulta que le parler breton tomba presque en désuétude et qu'à présent seul le pratique un quart des 2,5 millions de Bretons d'origine.

Néanmoins, vers 1960, l'État a fait marche arrière, sous la pression des nationalistes et il tolère, voire encourage, les traditions locales. En 1977, des militants pour la renaissance de la culture bretonne ouvrirent un jardin d'enfants où l'on apprenait aux tout-petits le parler régional. L'année suivante, sept autres écoles de ce genre furent créées et en 1983 on en comptait 25, où 40 maîtres enseignaient le breton à 300 élèves, dans le but de leur inculquer les rudiments du langage avant leur entrée à l'école primaire où seul est enseigné le français.

Mais ces écoles disposent de peu de moyens et, en outre, les enfants n'ont guère l'occasion de pratiquer ensuite les rudiments qu'ils ont acquis, car il n'y a quasiment pas de programmes radiophoniques ou télévisés en langue bretonne. En résumé, le devenir du parler régional repose sur le peuple breton et il ne survivra qu'en fonction de la ténacité des efforts pour le communiquer, littéralement, de bouche à oreille.

6

résultats dans un collège de Dijon, après avoir toujours été la première de sa classe à l'école élémentaire. Elle manifeste déjà la volonté de devenir pédiatre, ambition que ses parents soutiennent. Carole termine sa dernière année à l'école élémentaire locale, tandis que Fabrice vient d'y entrer. Il est déjà presque en avance d'un an; ordinairement, les enfants de son âge fréquentent encore l'école maternelle, mais il n'en existe aucune à Brétigny, c'est pourquoi on l'envoie étudier les matières de la première année d'école primaire, c'est-à-dire le programme du cycle préparatoire.

A la maison, c'est à Geneviève qu'incombe la responsabilité de l'éducation des enfants. Elle les aide à faire leurs devoirs et les pousse à persévérer en tout: Florence, par exemple, est passionnée de gymnastique et de danse. Claude trouve que sa femme est plus sévère qu'il ne serait enclin à l'être. Quand Florence était une toute petite fille piailleuse et têtue, certain pédiatre recommanda l'usage du martinet pour la faire obéir. Geneviève n'a pas hésité à s'en servir, ou au moins à le brandir devant ses trois enfants. Elle affirme que c'est un excellent instrument de dissuasion contre la mauvaise conduite.

Les soins du foyer et de sa famille occupent entièrement le temps de Geneviève. Elle reconnaît n'éprouver aucune autre ambition professionnelle, bien qu'elle se déclare prête à aider son mari et que, jusqu'à la naissance de Florence, elle ait travaillé à l'hôtel. Claude partage avec elle le sentiment que l'entretien d'une maison, d'un grand jardin et l'éducation de trois enfants représentent pour elle une occupation à temps complet.

Claude ne participe guère aux tâches ménagères; ce n'est d'ailleurs pas ce qu'on attend de lui, bien qu'à l'occasion il se charge de préparer un repas. A l'hôtel, il est responsable de l'approvisionnement et de la cuisine. Il travaille, une semaine, de 6 h 30 à 15 h et la suivante, de 14 h 30 à minuit, formule qui le satisfait car elle lui laisse de longs loisirs. Amateur de bicyclette, il fait volontiers 80 kilomètres par jour et pratique le jogging.

Claude ne peut évidemment pas quitter l'hôtel pendant la saison touristique — qui coïncide avec les vacances des enfants —, mais pendant l'automne des trois dernières années Geneviève et lui sont partis au Kenya, aux Seychelles et au Maroc, pendant que la mère de Geneviève s'occupait de leur progéniture. En été, Geneviève emmène ses enfants pour un mois au bord de la mer où elle loue un appartement ou un bungalow. Et au début de cette année, la famille tout entière a pris une semaine pour aller skier en Suisse.

Les Tebaldini ne s'intéressent pas particulièrement à la politique, qu'elle soit nationale ou locale et, à l'exception du quotidien régional et de l'hebdomadaire des programmes de télévision, ils achètent peu de journaux ou de revues. Claude est un ferme partisan de la libre entreprise; c'est en travaillant dur qu'on gagne de l'argent et c'est en développant son entreprise que se créent des emplois. Il ne voit pas le socialisme d'un très bon œil. Les changements tels que l'accroissement du nombre des divorces et de la liberté sexuelle ne les préoccupent pas outre mesure et sa femme et lui sont plutôt contents du peu d'attraction que montrent leurs enfants face aux questions sexuelles, inabordables quand ils étaient eux-mêmes jeunes gens. Bien qu'ils aient tout deux effectué leur communion solennelle et se soient mariés à l'église, la religion n'occupe aucune place dans leur vie. Ils n'ont d'ailleurs nulle intention de faire la moindre pression sur leurs enfants pour qu'ils fassent leur communion.

Le renforcement un peu désuet de la discipline par l'usage occasionnel du martinet a dernièrement régressé en France. La tendance des deux dernières décennies s'est plutôt dessinée dans le sens d'une société ouverte, où les rapports entre parents et enfants, ainsi qu'entre les deux sexes, sont plus détendus. Ce nouveau libéralisme s'inspire largement de l'esprit du mouvement de révolte des étudiants en 1968. Le soulèvement a échoué quant à ses objectifs politiques et il est vrai que rares étaient ses meneurs qui auraient pu en donner une définition précise; mais les idées sociales qui s'exprimèrent alors avec force ont influencé la société et encouragé la liberté et le débat aux dépens de la discipline et de la hiérarchie.

Les changements ont été particulièrement sensibles dans les rapports entre hommes et femmes. L'un des signes de la libération sexuelle est l'acceptation très répandue de la pratique de la vie en ménage avant le mariage. Sur dix couples qui se marient, quatre ont déjà vécu ensemble pendant en moyenne deux années. Cet état de choses ne signifie nullement toutefois que l'institution du mariage soit menacée ou que le concubinage se généralise. D'une certaine manière, la cohabitation préconjugale a simplement remplacé la vieille tradition des fiançailles.

Il est un facteur qui a passablement affecté la vie de la famille au cours des dernières décennies: la montée du féminisme. Le Mouvement de libération de la femme fut plus long à s'épanouir en France qu'en Grande-Bretagne ou aux États-Unis à cause, notamment, de l'ambiguïté de l'attitude des femmes françaises, qui ont toujours manifesté une tendance marquée à placer la féminité avant le féminisme. Lorsque finalement le mouvement se répandit, sous l'influence des médias et des magazines féminins, il fut délibérément purgé de ses aspects les plus agressifs à l'égard de la gent masculine. Nul complexe d'infériorité de la part des Françaises ne vient assombrir leurs rapports avec les hommes, car elles se sont toujours considérées égales mais différentes : le droit à la différence est d'ailleurs devenu l'un des slogans de leur mouvement. Pour elles, un salaire égal et des chances égales sont désormais des droits — mais elles apprécient encore d'être courtisées et complimentées et n'entendent pas renoncer aux galanteries par lesquelles les hommes leur rendent traditionnellement hommage.

Dans les universités françaises, la proportion d'étudiantes est de 46 p. cent et, dans la plupart des disciplines artistiques, les filles sont désormais largement majoritaires. A l'École polytechnique, jadis bastion de la gent masculine, 10 p. cent des élèves sont maintenant des femmes. La prospérité de l'après-guerre a également multiplié les possibilités de choix professionnels pour les femmes de toutes les classes sociales. Les femmes d'origine ouvrière, qui autrefois se voyaient condamnées à travailler, peuvent désormais rester à la maison. Inversement, celles issues des classes moyennes sont plus enclines que par le passé à exercer un métier, et la carrière d'une femme exige de nos jours autant de temps et d'efforts que celle de son mari si elle veut accéder à un salaire équivalent au sien. Les difficultés existent certes chez les couples mariés contemporains mais ne sont plus de la même nature que celles décrites par Flaubert dans son

Au début de l'année, à Caen, dans le Calvados, les lycéens revendent entre eux les livres de classe dont ils n'ont plus besoin. L'atmosphère dans les établissements secondaires est devenue beaucoup plus détendue et plus libre depuis les événements de mai 1968.

6

roman *Madame Bovary,* portrait d'une bourgeoise oisive et frustrée qui cherche en vain à se distraire; à l'opposé, la vie d'une mère de famille se livrant à une activité professionnelle implique de nombreux efforts pour faire face à toutes les tâches qui lui incombent.

Françoise Lepercq connaît bien les problèmes que peut poser la coexistence d'un emploi et de la vie de famille: elle a de nombreux amis qui sont allés jusqu'au divorce, faute d'avoir pu surmonter cette difficulté. Quant à elle, elle a trouvé l'épanouissement dans une carrière qu'elle n'a pourtant pu embrasser que dix ans après son mariage. Exemple typique de la citadine exerçant une profession libérale, elle est enjouée, loquace, intelligente et, à son élégance vestimentaire naturelle on la prendrait volontiers pour la grande sœur de sa fille aînée. Luc, son mari, est un homme plutôt grand, tranquille, d'environ 45 ans. Jadis officier spécialisé dans la recherche sous-marine, il occupa par la suite des postes divers de direction avant d'exercer ses fonctions actuelles de directeur de projets dans une compagnie pétrolière. Ils ont deux fils: Thierry, 21 ans, et Nicolas, 17 ans, et deux filles: Sandra, 18 ans, et Juliette, 11 ans.

Les Lepercq possèdent un grand appartement qui occupe les deux derniers étages d'une grande maison à Suresnes, dans la banlieue résidentielle de l'ouest parisien. Voilà six ans qu'ils y habitent. Comme de nombreux couples français dont les familles sont très ramifiées, il leur est également loisible de se rendre dans les différentes résidences secondaires appartenant à certains membres de la parentèle. Parmi celles-ci, il faut mentionner l'immense ferme fortifiée, non loin de Chambéry, en Savoie, que possède la famille de Luc depuis des générations et dont il a hérité par indivis avec son frère et sa sœur. Du

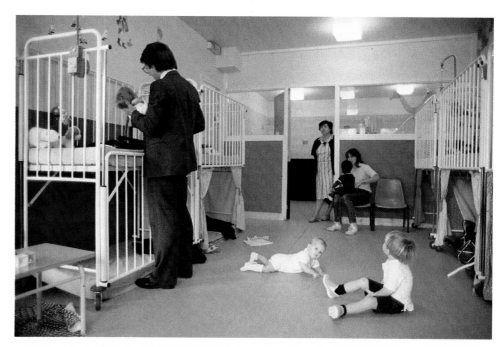

Dans une crèche municipale de Paris un père de famille installe son bébé dans sa couchette *(en haut),* **tandis qu'une mère conduit son enfant jusqu'au tas de sable, surveillé avec vigilance par la monitrice** *(en bas).* **La capitale compte plus de 200 crèches dont 25 seulement relèvent d'organismes privés.**

côté de Françoise, il y a une grande vieille maison dans les environs d'Avignon, une villa sur la Côte d'Azur et un appartement dans les Alpes qu'ils utilisent pour aller skier pendant les vacances.

Thierry, le fils aîné, termine sa dernière année à l'École des hautes études commerciales (HEC), la principale des grandes écoles préparant aux métiers d'affaires. Ceux qui en sortent diplômés sont littéralement submergés d'offres d'emploi ; mais Thierry a d'autres projets : après sa sortie de l'école, il compte se rendre aux États-Unis dans une université de Caroline du Nord où il partagera son temps entre ses conférences et un nouveau cycle d'études. Après quoi il rentrera en France faire son service militaire et alors seulement optera pour une carrière. A l'instar de la plupart des jeunes Français qui ont suivi un enseignement supérieur, il choisira de remplir ses obligations militaires dans le cadre de la coopération, en travaillant pendant deux ans dans un pays du tiers monde, plutôt que d'endurer l'année obligatoire de formation militaire traditionnelle. Thierry a la chance — reconnaît sa mère — de n'être pas poussé à travailler par des impératifs financiers. Sandra et Nicolas se présentent tous deux cette année au baccalauréat, cependant que Juliette fréquente le collège de Suresnes.

Françoise a quitté l'université avant de terminer ses études afin de se marier avec Luc et a passé les dix premières années de sa vie conjugale, selon ses propres termes, «à faire des enfants et à déménager» au gré des différentes affectations de Luc. Thierry avait dix ans lorsqu'elle ressentit pour la première fois le besoin de se livrer à une occupation professionnelle. La famille vivait alors à Toulon. Elle commença à écrire des articles d'ordre socioculturel pour un mensuel. Lorsque la famille s'installa à Paris, il y a de cela six ans, elle chercha à faire carrière dans le journa-lisme. Elle travailla d'abord pour le service de presse de deux ministères, puis comme stagiaire au journal *Le Monde*, après quoi elle suivit un cours de journalisme dans le cadre de la formation permanente. Mais depuis deux ans, elle a trouvé un travail intéressant dans une tout autre direction : elle organise des cours pour des employés de sociétés sur des sujets tels que l'adolescence, la retraite et la vie conjugale, et dont le but est de concilier vie familiale et vie professionnelle. Étant donné que Françoise doit fréquemment se déplacer pour son travail, souvent pendant une semaine tout entière, sa famille a été obligée, de son côté, de se réorganiser de manière à faire face à ces absences. C'est Luc qui s'occupe alors des enfants.

Les Lepercq ont beaucoup voyagé. Les trois aînés ont tous passé des vacances, par le biais d'organisations internationales, aux États-Unis et en Grande-Bretagne ; Thierry est allé en Inde grâce à un voyage d'étudiants organisé par HEC, dans le but d'aller prêter assistance sur le terrain, ainsi que ses camarades, à un projet de construction dans un village. En outre, Luc et Françoise s'efforcent de passer chaque année quelques semaines avec les enfants pour se livrer à quelque activité sportive : voile, marche à pied ou escalade. Luc n'a pas moins de douze frères et sœurs, Françoise quatre, mais ils les voient relativement peu souvent.

A la maison, toute la famille aime lire. On achète *Le Monde* tous les jours, *Libération* parfois et quelques revues, parmi lesquelles *Le Courrier de l'Unesco*, dont toute la maisonnée apprécie la lecture. Françoise, tout particulièrement, est une grande lectrice : son intérêt la porte surtout vers les ouvrages d'information — histoire ou psychologie de l'enfant, par exemple —, et elle se déclare capable de se plonger dans des livres scientifiques ardus. Cette passion, elle se réjouit d'avoir pu la transmettre à ses quatre enfants.

Luc et Françoise sont tous deux croyants, bien que ni l'un ni l'autre n'aille régulièrement à la messe ou à confesse. Pour eux, la religion signifie la reconnaissance d'une dimension spirituelle à leur vie et le respect des principes chrétiens. Politiquement, Luc a fluctué entre la droite et la gauche au fil des ans, cependant que Françoise a toujours été de gauche, en réaction, observe-t-elle, contre son père, homme de droite, ancien élève de l'École polytechnique, qui occupait un poste important à la direction de l'EDF. Elle rêve d'un monde où chacun pourrait disposer de chances égales de succès et voir s'épanouir toutes ses possibilités — mais elle est parfois très pessimiste quant à la réalisation de cette utopie.

Françoise a le sentiment que sa famille est unie et heureuse, traversée seulement de conflits mineurs. Elle avoue aussi que son appartenance à la classe privilégiée leur a rendu la vie plus facile qu'à la majorité des Français. Il n'empêche que l'ambiance détendue qui règne chez les Lepercq est à bien des égards révélatrice des changements qui ont progressivement affecté la structure tout entière de la société. On ne rencontre plus guère de ces familles à l'ancienne où le père exerçait son autorité à coups de trique. Mais à l'autre pôle, c'en est aussi fini des exigences les plus extrêmes de la révolution de 1968, de la mise en question radicale de la famille et du temps où les communautés et la liberté sexuelle étaient à l'ordre du jour. On est plutôt parvenu peu à peu à une solution de compromis dans laquelle on s'est largement débarrassé des aspects les plus pesants de la vieille unité cellulaire — l'absence de dialogue, l'imposition de la volonté d'une seule personne —, mais l'institution elle-même a survécu, désormais plus ouverte et plus libre. La famille est morte ; vive la famille !

LA PATRIE
DES IDÉES

Depuis la Renaissance à tout le moins, le peuple de France tend à considérer son pays comme situé au cœur de la civilisation, comme celui qui donne le ton dans les arcanes de l'art de vivre. Il est vrai qu'aux XVIIᵉ et XVIIIᵉ siècles la culture française a atteint une situation de rare prééminence. La puissance militaire et le prestige de Louis XIV firent adopter dans toute l'Europe les manières et les modes de la cour, et le rayonnement du Roi-Soleil créa un goût généralisé pour les déploiements de faste extravagants et grandioses au sein de l'aristocratie de nombreux pays. Pendant plus d'un siècle, de nombreux princes d'Europe centrale ont attiré à eux des architectes et des décorateurs français pour faire construire dans leurs capitales des modèles réduits du château de Versailles et appelé des majordomes et des laquais français pour veiller à la belle ordonnance de leurs cérémonies.

Plus extraordinaire encore est le triomphe de la langue française. Au XVIIIᵉ siècle, l'influence des écrivains et des philosophes des Lumières — comme Voltaire et Rousseau, Montesquieu et Diderot — s'est fait sentir au-delà des frontières nationales. Le rayonnement de la France en matière de goût et d'esprit a incité mainte famille princière, de Sarrebruck à Saint-Pétersbourg, à doter ses enfants de précepteurs français. De grands écrivains étrangers, comme Leibnitz, le philosophe allemand, ou l'historien britannique Edward Gibbon, écrivaient en français presque aussi couramment que dans leur langue maternelle ; et le grand Goethe a songé quelque temps à faire de la langue française l'instrument primordial de ses écrits. On s'exprimait quotidiennement en français à la cour du roi de Prusse, Frédéric le Grand, comme à celle de Joseph II, le Saint Empereur romain, ou encore à celle de Catherine la Grande, impératrice de toutes les Russies. Au début du siècle dernier, Bernadotte, maréchal de Napoléon, dont les Suédois firent leur roi, gouverna le pays pendant plus d'un quart de siècle sans jamais apprendre un mot de la langue de ses sujets. Toutes les affaires de l'État se traitaient en français.

L'adoption généralisée du français dans de nombreuses cours européennes provient peut-être de sa suprématie en tant que langue de la diplomatie. Les premiers accords internationaux rédigés exclusivement en français remontent aux traités d'Utrecht et de Rastadt qui en 1713 et 1714 mirent fin à la guerre de Succession d'Espagne. Au début du XIXᵉ siècle, le français constituait le langage de rigueur dans tout échange de correspondance diplomatique entre chefs d'État. Parfois son application pouvait sembler bizarre : en 1882, le document cimentant la Triple Alliance entre l'Allemagne, l'Autriche et l'Italie contre la France fut rédigé en français, et en 1905 c'est dans cette langue que fut conclue la fin des hostilités de la guerre russo-japonaise qui faisait rage dans le Pacifique, aux antipodes du monde occidental. Cette tradition ne commença à s'estomper qu'en 1919, lors du traité de Versailles qui mit fin à la Première Guerre mondiale ; il y eut deux versions du docu-

Un café du boulevard Saint-Michel, la grande artère qui traverse le Quartier latin, où les touristes se mêlent aux étudiants. Ces lieux de rencontre de la rive gauche servent traditionnellement à échanger des idées — mais aussi à «draguer» ou à observer la mode du jour.

7

ment officiel : l'une était rédigée en français et l'autre en anglais.

Vers l'époque où le français perdit son statut de *lingua franca* à l'usage des classes dirigeantes de l'Europe, les écrivains français cessèrent de donner le ton à la littérature occidentale. Cette hégémonie avait déjà été remise en cause au début du XIXe siècle lorsque se dessina le mouvement romantique dont les chefs de file, en quête d'inspiration, se tournèrent vers des modèles anglais ou allemands. Pourtant, ce siècle connut par la suite en France l'éclosion d'un âge d'or de la littérature, et des maîtres comme Stendhal, Balzac, Hugo, Flaubert, Maupassant ou Zola continuent à exercer de profondes influences. La première moitié du XXe siècle apporta une nouvelle moisson de talents avec des romanciers comme Marcel Proust, André Gide ou Louis-Ferdinand Céline, et de grands poètes comme Paul Valéry, Paul Claudel et Saint-John Perse.

Vers 1925, la France vécut aussi, comme bien d'autres pays d'Europe, l'explosion du surréalisme. Peintres et écrivains, poètes et sculpteurs parmi lesquels René Magritte et Salvador Dali, Paul Éluard, Louis Aragon et René Char, Yves Tanguy, Michel Leiris et André Masson, tous fascinés par la psychanalyse, formèrent un mouvement visant à explorer l'inconscient — par la voie de l'écriture automatique en littérature et du collage en art, entre autres exemples — pour tenter d'exprimer et d'illustrer le mieux possible le fonctionnement réel de la pensée. Cependant, inspiré et dominé par André Breton, le groupe surréaliste proprement dit ne survécut que peu de temps à son fondateur.

Ainsi l'éclipse de la prédominance littéraire de la France fut-elle relative. La nation continua de connaître un afflux de talents et à accorder le plus grand crédit aux idées et à ceux qui les exprimaient. Le système d'enseignement national a toujours privilégié les humanités et, de nos jours encore, bien que les disciplines scientifiques tiennent le haut du pavé, tous les élèves des classes terminales suivent des cours de philosophie avant de quitter le cycle de l'enseignement secondaire. La capacité à s'exprimer avec justesse est toujours hautement appréciée, et les écrivains susceptibles de déployer ce talent à un suprême degré font l'objet d'une considération enviée de la part de leurs confrères étrangers.

Il en suffit pour preuve de noter que tous les présidents de la Cinquième République ont nourri des ambitions littéraires. Le général de Gaulle a publié ses mémoires et ses discours dans un style imprégné de classicisme où il démontre brillamment la capacité du langage à exprimer en une simple phrase vigoureuse et inoubliable des sentiments tour à tour élevés et terre à terre. Son successeur, Georges Pompidou, avait commencé sa carrière comme professeur de littérature et il a laissé une remarquable anthologie de la poésie française. Valéry Giscard d'Estaing a publié pendant son septennat un ouvrage de théorie politique, *Démocratie française*, et il confessa un jour avec chagrin qu'il n'avait jamais eu plus haute ambition que de devenir un homme de lettres. Avant son élection à la présidence, François Mitterrand a publié une douzaine d'essais économiques et politiques et il avoue volontiers être l'avide lecteur de plusieurs livres par semaine.

La haute considération traditionnellement réservée aux écrivains a valu à nombre d'entre eux, tout au cours de l'Histoire, maints avantages d'ordre pratique. Dès le XVe siècle, François Villon, le poète vagabond, condamné à mort pour vol et assassinat, fut à plusieurs reprises, sauvé par Charles VII et Louis XI qui prisaient trop ses talents pour l'envoyer à la potence. Plus récemment, vers 1970, Régis Debray, l'intellectuel marxiste et le compagnon d'armes de Che Guevara, fut libéré des geôles boliviennes grâce aux multiples interventions du gouvernement de Georges Pompidou, lequel pourtant ne relevait pas de la même sensibilité politique, mais qui n'en tint pas moins à faire valoir les privilèges attachés à son état d'écrivain.

Aucune institution n'a plus rondement enfermé dans une enceinte permanente l'importance de la littérature au sein de la société que l'Académie française, cette auguste et unique assemblée qui demeure l'héritage le plus spectaculaire que nous ait légué l'âge d'or du XVIIe siècle. L'Académie fut fondée en 1634 par le cardinal de Richelieu, le ministre de Louis XIII qui eut, pendant toute la durée du règne du monarque, la haute main sur les affaires de l'État. Les espions à la solde du cardinal lui avaient signalé qu'un groupe d'écrivains se rassemblaient de façon régulière pour discourir de littérature et de grammaire. Comme nombre de personnages puissants et jaloux de leur pouvoir, Richelieu se méfiait de toutes les réunions qui pouvaient échapper à son contrôle. Mais, alors qu'un homme de moindre envergure aurait interdit ces réunions, le cardinal de Richelieu enrôla pratiquement les participants au service du roi en les invitant à constituer le noyau de l'Académie, qui fut chargée de veiller à préserver le bon usage et la pureté de la langue.

L'Académie, qui se compose de 40 membres inamovibles, a survécu à la monarchie et mène toujours une existence confortable, bien que peu nombreux soient ceux qui lui reconnaissent désormais une influence déterminante. Ses détracteurs lui reprochent de se montrer conventionnelle, quand ils ne l'accusent pas de ne constituer qu'une assemblée de pédants. Pourtant l'Académie française n'a jamais manqué de candidats et, forte de sa pérennité, elle a accueilli en son sein nombre d'éléments hostiles à ses vues, comme par exemple

UNE GRANDE TRADITION LITTÉRAIRE ET ARTISTIQUE

La France s'est signalée au fil des siècles dans le domaine artistique par l'ampleur remarquable de ses activités. Le tableau ci-dessous présente une sélection des maîtres qui ont illustré la littérature, la musique et les beaux-arts du Moyen Âge à nos jours.

	LITTÉRATURE	MUSIQUE	BEAUX-ARTS
1400	François Villon, 1431-après 1463		Jean Fouquet, 1415-1480
1500	François Rabelais, 1497?-1553 Pierre de Ronsard, 1524-1585 Michel de Montaigne, 1533-1592		François Clouet, 1516-1572

1600	René Descartes, 1596-1650
	Molière, 1622-1673
	  (Jean-Baptiste Poquelin, dit)
	Blaise Pascal, 1623-1662
	Jean Racine, 1639-1699
		Jean-Baptiste Lully, 1632-1687	Georges de La Tour, 1593-1652
			Nicolas Poussin, 1594-1665
			Le Lorrain, 1600-1682
			  (Claude Gellée, dit)

1700	Charles de Montesquieu, 1689-1755 Voltaire, 1694-1778 (François-Marie Arouet, dit) Jean-Jacques Rousseau, 1712-1778 Denis Diderot, 1713-1784	François Couperin, 1668-1733 Jean-Philippe Rameau, 1683-1764	Antoine Watteau, 1684-1721 Jean-Baptiste Chardin, 1699-1779 François Boucher, 1703-1770 Jean-Honoré Fragonard, 1732-1806
1800	Stendhal, 1783-1842 (Henri Beyle, dit) Honoré de Balzac, 1799-1850 Victor Hugo, 1802-1885 Gustave Flaubert, 1821-1880 Charles Baudelaire, 1821-1867 Émile Zola, 1840-1902 Stéphane Mallarmé, 1842-1898 Paul Verlaine, 1844-1896 Guy de Maupassant, 1850-1893 Arthur Rimbaud, 1854-1891	Hector Berlioz, 1803-1869 Camille Saint-Saëns, 1835-1921 Georges Bizet, 1838-1875 Emmanuel Chabrier, 1841-1894 Gabriel Fauré, 1845-1924	Jacques-Louis David, 1748-1825 Jean Dominique Ingres, 1780-1867 Théodore Géricault, 1791-1824 Camille Corot, 1796-1875 Eugène Delacroix, 1798-1863 Honoré Daumier, 1808-1879 Gustave Courbet, 1819-1877 Camille Pissarro, 1830-1903 Edouard Manet, 1832-1883 Edgar Degas, 1834-1917 Paul Cézanne, 1839-1906 Claude Monet, 1840-1926 Auguste Rodin, 1840-1917 Pierre-Auguste Renoir, 1841-1919 Henri Rousseau, 1844-1910 Paul Gauguin, 1848-1903 Georges Seurat, 1859-1891 Henri de Toulouse-Lautrec, 1864-1901
1900	Paul Claudel, 1868-1955 André Gide, 1869-1951 Paul Valéry, 1871-1945 Marcel Proust, 1871-1922 Colette, 1873-1954 Guillaume Apollinaire, 1880-1918 Jean Giraudoux, 1882-1944 François Mauriac, 1885-1970 Jean Cocteau, 1889-1963 Louis-Ferdinand Céline, 1894-1961 André Malraux, 1901-1976 Jean-Paul Sartre, 1905-1980 Albert Camus, 1913-1960	Claude Debussy, 1862-1918 Erik Satie, 1866-1925 Maurice Ravel, 1875-1937 Darius Milhaud, 1892-1974 Arthur Honegger, 1892-1955 Francis Poulenc, 1899-1963	Henri Matisse, 1869-1954 Pierre Bonnard, 1867-1947 Georges Rouault, 1871-1958 Maurice de Vlaminck, 1876-1958 Raoul Dufy, 1877-1953 André Derain, 1880-1954 Fernand Léger, 1881-1955 Georges Braque, 1882-1963 Maurice Utrillo, 1883-1955 Marcel Duchamp, 1887-1968 Jean Arp, 1887-1966 Nicolas de Stael, 1914-1955

l'écrivain et cinéaste d'avant-garde Jean Cocteau, qui fut élu en 1955 et, plus récemment, en reconnaissance de la poussée grandissante du mouvement féministe, la romancière Marguerite Yourcenar, première femme à qui fut jamais avancé un fauteuil de l'Académie.

La plus récente éclosion littéraire en France se situe après la Deuxième Guerre mondiale, avec l'accession à la notoriété d'un certain nombre d'écrivains politiquement engagés, dont les chefs de file, Albert Camus et Jean-Paul Sartre, sont désormais considérés comme les grands prosateurs des années 1950. Au sein des milieux intellectuels de la rive gauche, ils devaient se signaler par la rupture éclatante de leur amitié, en raison d'un conflit d'idéologie politique déterminé par le soutien public de Sartre au régime communiste soviétique. Chacun d'eux mena alors de son côté une œuvre où la réflexion philosophique se mêle au drame et à la fiction littéraire. Mais le destin frappa cruellement Camus en 1960 lorsque, trois années après avoir reçu le prix Nobel de littérature, il fut tragiquement fauché dans un accident de voiture à quarante-six ans. Ainsi disparut du monde littéraire une figure qui aurait pu se révéler d'une influence déterminante au cours des deux décennies troublées qui ont suivi sa mort.

Sartre établit quant à lui sa réputation de philosophe pendant les années de l'Occupation où il publia l'*Etre et le Néant*, gros traité qui allait devenir la bible de l'existentialisme. Ni Sartre ni même la France ne sont à l'origine de ce mouvement dont on a retracé des sources bien antérieures remontant au XIXᵉ siècle avec les écrits du penseur chrétien danois Sören Kierkegaard. Mais l'existentialisme a trouvé maints émules chez les Français, pendant les années sombres de l'Occupation et de l'après-guerre. Animé par la pensée sar-

trienne, ce courant devint une philosophie directement préoccupée par les problèmes moraux liés à la conscience d'un univers absurde et sans Dieu, inéluctablement condamné à la liberté, où l'homme, dépourvu de toute assistance divine, se voit contraint d'assumer seul la responsabilité de ses actions.

Au tournant des années 1950, l'existentialisme — qui fut d'abord une sorte de

cénacle — devint un courant à la mode et il s'empara bientôt de l'imagination d'une génération de jeunes confortablement désœuvrés. Dans les cafés et dans les caves enfumées de Saint-Germain-des-Prés, résonnant aux accents d'orchestres de jazz, une jeunesse débordant d'enthousiasme se professait résolument existentialiste. Sartre lui-même devint la proie de tant de curiosité qu'il dut s'interdire les cafés qu'il

Promeneurs sur le quai de la Tournelle, sur la rive gauche de la Seine, au tournant du siècle, s'adonnant au plaisir de chiner les livres d'occasion chez les bouquinistes dont les boîtes s'alignent scellées aux parapets du fleuve. Cette pratique date du milieu du XIXᵉ siècle.

hantait pour travailler et où il était devenu un sujet d'attraction populaire.

L'existentialisme cessa de tenir le haut du pavé vers la fin des années 1960, mais le pessimisme romantique qui le caractérise laissa une marque indélébile dans la conscience de l'Occident. Sartre en personne remit en cause son soutien au communisme soviétique en 1956 lors de l'invasion de Budapest, et depuis lors il ne cessa de garder ses distances, se contentant d'exprimer la voix d'une conscience politique indépendante de gauche, rôle prééminent dans lequel il se cantonna jusqu'à sa mort en 1980.

Pendant un certain temps il sembla que l'existentialisme n'aurait pas de postérité en tant que mode intellectuelle dominante. Mais surgirent bientôt un certain nombre de courants parallèles présentant un système de pensée plus adapté au développement technologique de la France de l'après-guerre: le structuralisme. Tout comme l'existentialisme, le structuralisme s'est fermement enraciné en France, lui qui, dans sa forme la moins spécialisée et la plus pratique, est moins une philosophie qu'une méthode de pensée applicable à presque tous les arts et à la plupart des sciences. Il consiste à examiner les faits et les événements, non de manière isolée, mais dans le contexte d'un ensemble — d'une structure — où le tout a plus d'importance que les parties, lesquelles prises isolément sont dépourvues de signification.

Réduit à une telle simplification dans l'énoncé, le structuralisme semble exprimer un truisme. La réalité est plus subtile. A l'origine, le système puise sa source dans les recherches linguistiques entreprises en Europe puis en Amérique — par Troubetzkoy, Jakobson et Chomsky —, visant à démontrer que dans tout dérapage grammatical, dans toute erreur de langage se cache une «structure profonde» par laquelle on peut définir et expliquer la

Par une froide journée d'avril 1980,
30 000 personnes accompagnent la
dépouille mortelle de Jean-Paul Sartre
jusqu'au cimetière Montparnasse.
Sartre fut le principal chef de file de
l'existentialisme, et a diffusé, par
ses romans et ses pièces de théâtre,
ses propres idées dans le monde entier.

culture humaine dans sa totalité. Ce mode de pensée se répandit en France et gagna d'autres disciplines — l'anthropologie notamment, où Claude Lévi-Strauss eut recours à semblables méthodes pour étudier les séismes cachés sous-jacents à toute vie en société. Si ses œuvres sont illuminées par les clartés d'une pensée originale et vivante, on ne saurait en dire autant de tous les écrits des structuralistes. Pourtant les thuriféraires de ce mouvement engendrèrent un ample vocabulaire spécialisé, tendant à enserrer la totalité des phénomènes connus dans des structures de plus en plus vastes, afin de circonscrire jusqu'à la dernière les données de l'observation dans le sein tout-puissant de la pensée pure.

Dans le courant de son évolution, le structuralisme a ouvert de vastes perspectives dans des domaines aussi divers que la biologie et la critique littéraire. Mais l'importance très réelle de cette théorie ne suffit pas à expliquer l'enthousiasme qu'elle a soulevé dans les milieux intellectuels, en France comme à l'étranger.

Sans doute le structuralisme a-t-il permis à l'intelligentsia de se redéfinir en tant qu'élite culturelle permanente du pays. Entre 1950 et 1970, la communauté intellectuelle s'était sentie rejetée à l'écart des grands courants présidant au développement de la nation, courants alors largement dominés par les technocrates et les administrateurs de l'expansion économique nationale. Dans ce contexte, le structuralisme fit fonction de point de ralliement. Son jargon prolixe, superbement inintelligible et complexe, devint une sorte de langage réservé aux initiés, et son ambition d'analyser, de décrire et d'expliquer la totalité de l'humaine expérience place ceux qui se recommandent de lui sur un piédestal d'où ils se démarquent aisément du simple technocrate.

En tant que théorie dominante, il semble que le structuralisme devrait survivre

7

encore quelque temps — bien qu'il n'ait jamais soulevé l'engouement suscité par l'existentialisme du fait qu'il semble se confiner dans les couches les plus cultivées de la société. Peut-être peut-on y voir l'équivalent intellectuel du goût de l'introspection dans lequel la France contemporaine cherche son épanouissement.

Sur un mode tout aussi exalté, un autre système de pensée a joui des feux de la rampe vers la fin des années 1970 avec les écrits d'un groupe de jeunes écrivains, en tête desquels se trouvaient André Glucksmann et Bernard-Henry Lévy, que l'enthousiasme parisien à l'égard de toute nouveauté baptisa sans tarder «les nouveaux philosophes». La nouveauté, en fait, résidait moins dans les idées avancées que dans les engagements politiques de penseurs qui, influencés par les révélations de l'écrivain dissident russe Alexandre Soljenitsyne, sur les goulags soviétiques, se désolidarisaient de la gauche marxiste. Une telle prise de position était de nature à faire sensation — car depuis l'après-guerre les termes d'«intellectuel» et d'«homme de gauche» avaient tendance à être considérés comme synonymes. Néanmoins les nouveaux philosophes sont loin d'exercer une influence profonde sur la vie intellectuelle française, et nombreuses sont les voix parmi leurs opposants politiques pour clamer que leur importance a été largement exagérée par la presse de droite. Il n'empêche que leur apparition semble symptomatique d'un état d'esprit nouveau tendant à démontrer qu'il existe à présent quelques brèches dans le front jadis uni de l'intelligentsia parisienne.

Dans le monde littéraire, peu de grands noms ont surgi pour prendre la relève des Sartre et des Camus, bien que nombre de beaux livres aient été publiés. Le «nouveau roman» — illustré par Alain Robbe-Grillet et Michel Butor —, qui se donnait pour objectif d'oblitérer tout sentiment subjectif dans la transcription des faits pour leur substituer une approche d'une exactitude quasi scientifique, connut dans les années 1960 une certaine vogue, à présent sur son déclin. Les grands succès littéraires des années 1970 font entendre, dans leur grande variété, une note plus intimiste et personnelle. Il faut signaler: Michel Tournier avec sa fantaisie gothique *Le Roi des Aulnes*; Jean Carrière avec *L'Épervier de Maheux*, qui fait revivre les dures conditions d'existence des Cévenols; Robert Sabatier avec *Les Allumettes suédoises*, touchant récit d'une enfance bourgeoise dans l'entre-deux-guerres; Pierre-Jakez Hélias, dont *Le Cheval d'orgueil*, qui relate une enfance en Bretagne au tournant du siècle, connut un immense succès commercial, et Patrick Modiano, particulièrement heureux dans *Rue des boutiques obscures*, tendre parodie existentialiste des romans noirs des années 1940.

Nonobstant l'inquiétude suscitée par le développement des moyens de communication électroniques, dont on redoute qu'ils étouffent le goût de lire, l'édition se porte bien en France. Les statistiques publiées par le ministère de la Culture au début des années 1980 indiquent que 74 p. cent des personnes interrogées avaient lu au moins un livre dans l'année, contre 70 p. cent au cours d'un sondage comparable effectué en 1973. La grande majorité des ouvrages publiés est achetée néanmoins par une fraction réduite de la population, estimée à quelque 20 p. cent, qui se targue de lire un livre tous les quinze jours. Les bibliothèques publiques ne sont pas réellement courues — une personne sur cinq possède un abonnement —, et le nombre de publications annuelles est inférieur à celui de la Grande-Bretagne et de l'Allemagne. A l'exception des romans noirs, des histoires policières et des sagas familiales qui remportent de grands succès de librairie, les bonnes ventes dépendent largement des éloges décernés par le cercle enchanté de la critique littéraire parisienne. Si un livre ne fait pas parler de lui au bon endroit, il ne se vendra pas, et les bons endroits ne sont pas légion.

La critique étend son influence sur le monde des prix littéraires — jalons essentiels du succès dans une société qui réserve une place de choix aux valeurs culturelles. On a dénombré en France jusqu'à 1 500 prix littéraires décernés par une grande diversité de jurys à l'échelon national ou provincial. Au sommet de l'échelle se placent le prix Goncourt (créé en 1903 pour récompenser chaque année le «meilleur volume d'imagination en prose»), le prix Fémina (décerné par un jury exclusivement féminin), le Médicis (qui remarque une œuvre «de ton et de style nouveaux»), l'Interallié (qui sélectionne en règle générale un roman écrit par un journaliste), enfin le Renaudot, conçu pour corriger ou compléter le prix Goncourt; au bas de l'échelle, on trouve un éventail de prix destinés à couronner l'œuvre d'employés des chemins de fer, des postes, etc. La plupart sont décernés en automne afin de susciter le maximum de ventes pour les fêtes de fin d'année. A ce jeu, c'est le Goncourt qui l'emporte, et de loin. Outre le prestige qu'il confère, il en part rarement au-dessous de 100 000 exemplaires et souvent beaucoup plus. Destiné au départ à couronner un jeune écrivain, le Goncourt apporte souvent la consécration à une gloire bien établie, comme en 1981 où il fut attribué au sexagénaire Lucien Bodard.

Si les milieux littéraires ont vu leur influence décliner dans l'après-guerre, cela est dû en partie au fait que la chose écrite a été remise en cause, et à certains égards supplantée, par d'autres moyens de communication, dont la télévision est à présent largement le plus important, bien qu'elle ait connu des débuts assez lents en France.

En 1964, le pays ne possédait qu'une seule chaîne et la troisième ne fut créée qu'en 1972. Au cours des années 1960, pendant lesquelles la télévision devint partie intégrante de la vie des Français, le nombre d'appareils passa de un à dix millions. Et en 1980 on dénombrait quelque 16 millions de postes.

Jusqu'à tout récemment, l'ensemble du réseau radiodiffusé se trouvait placé sous le ferme contrôle de l'État, qui n'avait pas tardé à déceler — et, en tout cas, avant que les milieux intellectuels ne s'en aperçoivent — l'immense pouvoir inhérent à ce nouveau système de communication. L'Office de radiodiffusion-télévision française (ORTF) était un monopole créé dans l'après-guerre et directement dépendant du ministère de l'Information. Il en découlait deux conséquences. Tout d'abord, en ce qui concerne les nouvelles et les informations, la télévision française reflétait notoirement la voix gouvernementale. En second lieu, du fait que la coloration politique comptait plus que la créativité artistique en tant que critère de promotion à l'ORTF, les programmes, quels qu'ils fussent, avaient tendance à devenir ternes, voire teintés d'amateurisme: en fin de compte, et comme l'ensemble des organismes étatiques, l'ORTF devint un lourd appareil bureaucratique où les producteurs supplantaient en nombre les réalisateurs dans la proportion de 50 pour un.

A bien des égards pourtant, les intentions gouvernementales présentaient des

Ce dessin humoristique de Sempé ridiculise avec malice le jargon pseudo-intellectuel employé parfois dans certaines émissions de télévision. Bien que certains programmes culturels remportent un vif succès — l'émission « Apostrophes » attire régulièrement des milliers de téléspectateurs — on leur reproche parfois un côté exagérément rébarbatif qui s'exerce souvent au détriment des fonctions distrayantes de la télévision.

— *Maintenant, je voudrais vous poser la question que doivent se poser tous nos téléspectateurs : Comment votre concept onirique à tendance kafkaïenne coexiste-t-il avec la vision sublogique que vous faites de l'existence intrinsèque ?*

aspects positifs. La publicité télévisée était à l'époque interdite et l'importation de biens des mièvreries découragée; sous la présidence du général de Gaulle notamment, lorsqu'André Malraux était ministre de la Culture, les émissions artistiques faisaient l'objet d'une politique d'incitation systématique. Mais les téléspectateurs trouvaient généralement peu d'attrait à ce mélange de servilité et d'insipidité — de sorte que la proportion de téléviseurs dans les foyers français était deux fois moindre qu'en Grande-Bretagne et environ de deux tiers inférieure à celle enregistrée aux États-Unis.

La situation empira, si l'on peut dire, après les troubles de mai 1968, où les employés de l'ORTF entrèrent eux aussi en rébellion, ce qui entraîna un grand nombre de licenciements et de démissions forcées. Afin de contrebalancer les coûts de production, un peu de publicité fut enfin autorisée, mais il fallut attendre l'arrivée à la présidence de Valéry Giscard d'Estaing, en 1974, pour qu'un train de réformes plus radicales soit entrepris.

L'ORTF fut dissous et remplacé par sept organismes de moindre envergure, dont un notamment pour chacune des trois chaînes, une société de production pour les alimenter en programmes (la SFP), une autre ayant pour mission d'assurer la diffusion (TDF), et l'INA (Institut national de la communication audiovisuelle) chargé, entre autres choses, de conserver les archives de l'ex-ORTF. Mais, loin de susciter l'esprit d'émulation escompté, ces nouvelles structures suscitèrent une invraisemblable compétition autour des pourcentages d'écoute qui aboutit au fait qu'en 1980 la France importait 50 p. cent de ses programmes télévisés, sous forme le plus souvent de feuilletons à l'eau de rose américains. Les programmes d'information demeuraient timorés, dans la peur de rien annoncer qui pût contrarier le gouvernement, et l'ensemble du réseau souffrait toujours du mal qui avait déstabilisé l'ORTF: son incapacité à tirer profit des grands cinéastes du pays, qu'aurait pu attirer pourtant la perspective de travailler avec moins d'entraves et pour des bénéfices souvent plus élevés.

L'échec de la politique de réformes giscardienne entraîna le président socialiste François Mitterrand à effectuer d'autres remaniements dès son arrivée au pouvoir. Il mit en place une Haute Autorité expressément chargée de garantir l'indépendance de la radio et de la télévision. Des modifications furent également apportées dans le mode de financement des trois chaînes.

Sous Valéry Giscard d'Estaing, l'importance des crédits alloués variait en fonction du degré de notoriété de la chaîne; désormais ils seraient fonction des coûts de financement des projets, ce afin d'atténuer la compétition au niveau du pourcentage d'écoute. L'ensemble de ces réformes trouva bon accueil dans l'éventail des sensibilités politiques, mais seul l'avenir dira si elles sont suffisantes pour déraciner les mauvaises habitudes.

A présent, le comportement des téléspectateurs est devenu à peu près régulier. Plus de neuf foyers sur dix possèdent un téléviseur et les Français passent en moyenne plus de deux heures par jour

Ci-dessus, un kiosque à journaux en province présente un extraordinaire déploiement de périodiques. A droite un Parisien solitaire lit son journal dans le jardin du Luxembourg. Désormais la diffusion des quotidiens parisiens est deux fois moindre qu'avant la guerre.

devant leur poste. Les programmes quotidiens offrent un assortiment de nouvelles, de sport, de films et de feuilletons, comparable à celui de la plupart des autres pays occidentaux. Tout récemment, les débats politiques ont frayé leur voie jusqu'au petit écran et ces confrontations en face à face entre les hommes politiques les plus en vue attirent de nombreux téléspectateurs et marquent fortement l'opinion publique.

La situation en ce qui concerne la radio est plus complexe. L'État commandite trois stations: France-Culture, France-Musique — l'une et l'autres dotées d'orientations culturelles qui attirent seulement une audience restreinte — et France-Inter, qui diffuse de la musique, des nouvelles et des débats 24 heures sur 24. Elles sont complétées par trois stations dites périphériques — bien qu'essentiellement dépendantes d'intérêts français —, qui diffusent sur le territoire national au moyen d'émetteurs situés juste au-delà des frontières, afin de circonvenir le monopole de l'État. Les plus populaires sont Europe n° 1, qui émet depuis la Sarre, en Allemagne fédérale, Radio-Télé-Luxembourg, le réseau national du Grand-Duché et enfin Radio Monte-Carlo, la plus petite. Le gouvernement ferme les yeux devant cette situation qui n'est pas sans le chagriner, et il a pris des mesures pour que les intérêts de l'État soient préservés grâce à une présence majoritaire française au conseil d'administration de chacune de ces stations.

Vers 1975, le monopole de l'État s'est trouvé menacé par le pullulement de stations de radio pirates, encouragées par le relâchement de l'emprise gouvernementale sous la présidence de Giscard, qui se mirent à diffuser illégalement des programmes au moyen d'émetteurs de faible puissance. Certaines étaient délibérément commerciales, d'autres politiques, presque toutes fleuraient l'improvisation. Face à cette situation, le président Mitterrand, qui avait soutenu l'une d'elles au nom du parti socialiste en 1979 et avait dû payer une

7

amende pour cette infraction, accorda l'autorisation d'émettre à un petit nombre de stations. Mais la limitation de la puissance émettrice par fréquence, liée à la récente réglementation de la publicité, a permis dans leur cas de trouver un juste équilibre.

Il est possible qu'on ait exagéré le pouvoir des médias sur l'opinion publique dans un pays où les liens familiaux et le bouche à oreille possèdent toujours un grand poids politique. En fin de compte le monopole du gouvernement sur l'audiovisuel n'a pas empêché un glissement en faveur de l'opposition lors des élections présidentielles en 1981. Pourtant, maints aspects de la presse écrite tendent à démontrer l'importance des organes d'information.

Pour commencer, la France ne possède plus d'organe de presse véritablement national et le pouvoir quotidien parisien s'est passablement estompé. Avant la guerre, 30 journaux fleurissaient dans la capitale: à présent il en subsiste à peine une douzaine. Le réseau de distribution acheminant dans les provinces la presse de la métropole fut démantelé pendant l'Occupation, alors que la presse régionale augmentait ses tirages. Cette tendance se confirma dans l'après-guerre et, depuis 1960, l'ensemble des journaux parisiens a perdu un million de lecteurs.

Le grand succès de la presse parisienne reste *Le Monde,* quotidien influent et d'un niveau intellectuel élevé, qui s'enorgueillit de tirer en moyenne à un demi-million d'exemplaires. C'est un journal de l'après-midi qui fut lancé après le dernier conflit mondial pour succéder à un quotidien d'avant-guerre appelé *Le Temps.* Son fondateur, Hubert Beuve-Méry, était un catholique radical qui avait démissionné du *Temps* après les accords de Munich pour protester contre le soutien apporté par cet organe à la politique de Hitler. A présent, les collaborateurs du

Monde ont des intérêts dans la société et le pouvoir d'élire leur rédacteur en chef. *Le Monde* est écrit, semble-t-il, pour une minorité de dirigeants, minorité à laquelle ses milliers de lecteurs ne sauraient tous appartenir. Son style est délibérément austère et sa présentation ne recourt ni à la variété typographique ni à l'usage de photos, et cette sobriété s'étend jusque dans la facture des articles. La phrase-choc d'un compte rendu se trouve rarement dans le titre, mais souvent dissimulée dans les colonnes, trésor enfoui que le lecteur attentif devra découvrir dans les méandres de l'exposition et des commentaires, et qui lui apportera sur un plateau la révélation de la coloration prise par le kaléidoscope politique dans les dernières 24 heures.

Le Monde est un des rares quotidiens parisiens dont le lectorat augmente. De façon générale, la presse de province est en bien meilleure santé. La palme revient à *Ouest-France,* diffusé depuis Rennes à près de 700 000 exemplaires. Comme bien d'autres organes régionaux, il tire plusieurs versions différentes, adaptées chacune à la chronique locale. Ces journaux comportent en général peu de nouvelles de l'étranger et adoptent une position neutre en politique intérieure.

Le reportage des faits bruts n'a jamais été le fort de la presse française, où le journalisme est considéré par tradition comme un genre littéraire plus enclin aux commentaires et aux analyses qu'à la relation des faits, et on y cultive peu le goût des enquêtes. Quelques magazines hebdomadaires ont suppléé récemment cette carence. Trois grands rivaux — *L'Express* et *Le Point,* à droite, et *Le Nouvel Observateur,* socialiste — publient chaque semaine des articles de fond résumant l'actualité, tant en matière politique que dans le domaine des arts. Faisant pendant à ce trio, il y a *Le Canard enchaîné,* publication unique en

son genre, où se mêlent astucieusement des informations très poussées, des éclaboussures dispensées tous azimuts, avec une ironie et un détachement qui font de lui le journal satirique le meilleur du monde.

Le monde des arts fut marqué, dans la France de l'après-guerre, par de nombreuses manifestations éclatantes et par la diffusion de la culture, mais non par l'émergence de grands talents individuels. En peinture, par exemple, les jours où la France s'enorgueillissait de sa prééminence sont révolus. On a peine à avancer le nom d'artistes contemporains de la stature d'un Braque ou d'un Matisse. Les écoles de peinture naissent désormais à New York et non plus à Paris, et le marché de l'art est à présent centré sur Londres ou New York. Mais Paris demeure la capitale mondiale des grandes expositions d'art — ses musées et ses expositions temporaires de grande envergure, au Grand Palais ou à Beaubourg, attirent l'attention internationale.

Le panorama est plus riant en ce qui concerne le cinéma, où la France excelle depuis longtemps. Le premier studio de production fut créé à Paris en 1900 et les grands noms de metteurs en scène français abondent, de Jean Renoir et Marcel Carné à René Clair. Un regain de vigueur fut donné à cette industrie dans les années 1950 avec les cinéastes de la «Nouvelle vague», tels François Truffaut, Agnès Varda et Jean-Luc Godard qui, sans appartenir à la même école, ont en commun une indépendance d'esprit qui leur a, un temps, aliéné les grands studios et les a poussés à faire des films à budget réduit. Ils étaient également animés par le désir de réaliser des «films d'auteur», créations personnelles au même titre qu'une toile ou un poème. La vigueur et l'enthousiasme qu'ils ont instillé à la production cinématographique ont contribué à l'expansion du

Septième Art en France, à un moment de son histoire où d'autres pays connaissent une franche récession.

Actuellement, la France produit près de 250 films par an, presque tous à budget réduit, si profondément marqués d'individualisme qu'ils sont difficiles à classer. Peu de productions à présent réalisent des bénéfices considérables, mais les frais engagés sont si modiques qu'ils ne rebutent pas les commanditaires. Cette profusion est rendue possible par le fait que les cinéphiles français ont mieux résisté que leurs homologues européens — phénomène que l'on peut attribuer, sans doute pour une grande part, au fait que la télévision offre des programmes peu attrayants, clament certains cyniques. Mais la fréquentation des salles obscures est loin d'être uniforme dans la nation. La province

a connu la regrettable fermeture de nombreux cinémas, comme dans bien d'autres pays d'Europe. A Paris, cependant, le nombre des salles et des spectateurs a augmenté : la capitale compte plus de trois cents cinémas qui dans l'ensemble marchent bien. Et comme ils appartiennent à des particuliers, aucun monopole ne s'exerce sur la diffusion d'une œuvre nouvelle. De plus, la France compte des milliers de ciné-clubs, souvent attachés aux écoles et aux universités, qui ont beaucoup contribué à initier les jeunes générations aux classiques de l'écran.

Le théâtre en France depuis quelque temps s'est caractérisé par l'absence de pièces nouvelles de quelque importance, mais aussi par l'apparition d'un certain nombre de metteurs en scène de talent qui ont introduit des conceptions dramatiques

nouvelles. Patrice Chéreau, Antoine Vitez et Ariane Mnouchkine, entre autres, cherchent avant tout à stupéfier par leurs brillants effets et la nouveauté de l'interprétation conception qui n'est pas toujours du goût de tout le monde, mais qui produit de surprenants résultats.

Les théâtres les plus courus ne sont plus ceux des boulevards, à présent désertés, mais les théâtres nationaux subventionnés par l'État. La vénérable Comédie-Française, fondée en 1680 par Louis XIV, se consacre exclusivement à jouer le répertoire classique. Le Théâtre national populaire (TNP) qui, depuis sa fondation en 1930 et pendant 42 ans, fut l'hôte du palais de Chaillot à Paris, s'illustra pendant longtemps grâce au grand acteur et metteur en scène Jean Vilar et à Gérard Philipe. En 1972, la célèbre troupe fut confiée à Roger

A 40 mètres au-dessus du plateau Beaubourg, les visiteurs du Centre Pompidou admirent le panorama au sud et à l'ouest de Paris.

LE SPECTACLE EST DANS LA RUE

Quand le Centre national d'art et de culture — également appelé Centre Beaubourg ou Centre Pompidou — ouvrit ses portes en 1977, peu nombreux étaient ceux qui s'attendaient à y voir immédiatement déferler des camelots de toute sorte qui convertirent l'esplanade en une sorte de vitrine française des spectacles de rue. Un défilé continu et changeant de comédiens, de mimes, de danseurs, de cracheurs de feu, de poètes et de musiciens se retrouve avec des artistes de trottoirs et des portraitistes pour le divertissement des quelque 20 000 visiteurs qui affluent chaque jour au Centre. Cette activité rappelle les jongleurs, les bateleurs et les montreurs d'ours qui au Moyen Age jouaient un rôle similaire sur un autre parvis non loin de là, celui de Notre-Dame.

Un danseur se livre à une exhibition acrobatique de limbo au ras des pavés.

Une jeune femme expose ses portraits aux regards des badauds.

Une réplique du *Penseur* de Rodin
orne la station de métro Varenne, située
non loin de l'hôtel Biron qui abrite
les sculptures du maître. Bien d'autres
quais du réseau souterrain intriqué
de la capitale sont ornés de copies de
chefs-d'œuvre dont l'original se
trouve souvent dans le voisinage.

Planchon et transférée à Villeurbanne, dans la banlieue lyonnaise. Sur l'ancienne scène du TNP se produit à présent la compagnie du théâtre national de Chaillot sous la direction d'Antoine Vitez.

Le transfert du TNP hors de Paris est l'un des épisodes les plus spectaculaires soulignant une tendance marquée du théâtre de l'après-guerre: le réveil de la province qui, avant 1945, n'offrait pas de grandes manifestations de vie culturelle. En 1939, seules quelques troupes se produisaient exclusivement en dehors de la capitale. Il y en a de nos jours plus de 30, qui bénéficient de subventions de l'État et des municipalités. On note une tendance similaire, voire plus marquée, dans le monde de la musique où une sorte de révolution s'est manifestée vers 1960, avec la renaissance spectaculaire de l'opéra en province, que sillonnent une douzaine de compagnies permanentes. La fréquentation des salles de concert a également connu un bond remarquable depuis que la jeunesse s'est prise d'enthousiasme pour la musique classique. Elle l'écoute, mais elle veut aussi l'interpréter, et les chorales et orchestres de chambre amateurs se sont multipliés. Les écoles de musique regorgent d'élèves: ils étaient 250 000 en 1960 et sont à présent plus de un million.

Ce regain d'intérêt a stimulé à son tour le monde musical parisien. L'Opéra national du palais Garnier a pris un nouvel essor avec la nomination en 1970 au titre d'administrateur général de l'Allemand Rolf Liebermann, qui a restitué à la compagnie son lustre au niveau européen. En 1972, le président Pompidou est intervenu personnellement pour convaincre le plus grand musicien français contemporain Pierre Boulez, de revenir à Paris après des années d'expatriation en Allemagne, à Londres et à New York, en lui promettant la création d'un ambitieux Institut de recherche et de création acoustique et

musicale, abrité à présent dans les spacieux sous-sols du centre Beaubourg. Depuis lors, Paris se trouve à la tête de l'avant-garde européenne en matière de recherche et de musique expérimentale.

On put créditer, du moins en partie, la politique gouvernementale de l'expansion des activités culturelles en province. Vers 1960, André Malraux, alors ministre de la Culture, avait conçu le projet grandiose de faire construire dans les grands centres régionaux des organismes polyvalents appelés Maisons de la culture, dont le budget serait assumé conjointement par l'État et les municipalités. Dans la pratique, cette innovation n'a remporté qu'un succès limité. Sur les quelque 60 Maisons de la culture envisagées au départ, 15 seulement virent le jour, qui furent dans bien des cas jugées trop vastes et trop onéreuses pour les besoins locaux. A la place, les villes encouragèrent l'implantation de «centres d'animation culturelle» plus petits, finan-

cièrement plus viables et mieux équipés pour attirer un public peu familier des salles de théâtres ou de concert. L'intérêt suscité reste élevé et nombre de communes s'enorgueillissent d'un budget artistique qui rehausse le prestige de la ville et contribue à la qualité de la vie locale.

Un phénomène nouveau s'est manifesté avec l'engouement pour les nombreux festivals qui ont fleuri en France dans l'après-guerre. Ils se caractérisent par leur grande variété et nombre d'entre eux — mais non pas tous — se situent dans le Midi. Le festival de musique d'Aix-en-Provence et celui de théâtre en Avignon ont conquis une audience européenne. Certains se consacrent aux seules œuvres classiques, d'autres à des créations contemporaines et beaucoup d'autres encore sont orientés vers les arts et les traditions populaires. De charmants vieux châteaux font désormais l'objet d'un petit rassemblement estival où les festivités se résument parfois à une série de concerts de musique de chambre donnés le samedi soir. Au sommet de l'échelle se situent de grands événements comme le festival de musique de Besançon, le festival estival de Paris, le festival de théâtre et d'opéra d'Orange, ou encore celui de La Rochelle où tous les arts sont à l'honneur. Tout récemment, cependant, les frais élevés liés aux manifestations de grande envergure ont obligé les organisateurs à réduire quelque peu le champ de leurs ambitions artistiques.

L'éveil de la culture en province n'est que l'un des aspects d'un phénomène beaucoup plus vaste dans la France contemporaine: la tendance à un retour à de plus justes proportions. L'ère de la croissance échevelée à n'importe quel prix a fait long feu, anéantie tant par la répulsion qu'inspirent certains aspects de l'héritage qu'elle a laissé — grands ensembles de logements entassés dans des tours, autoroutes saturées de véhicules — que par le ralentissement de la prospérité constaté depuis le début des années 1970. Elle a été remplacée par la remise à l'honneur des traditions régionales et locales, corollaire du mouvement de décentralisation du pouvoir qui s'inscrit à l'encontre de toutes les tendances enregistrées jusqu'à présent dans l'histoire sociale de la France.

Parallèlement à cette renaissance de la province, on constate une évolution dans la façon dont les individus envisagent désormais ce qu'ils attendent de l'existence. C'est ce que les sociologues appellent «le repli sur soi», terme impliquant un retour volontaire vers les ressources individuelles par opposition à l'ancienne dépendance à l'égard des directives sociopolitiques lancées dans les années 1960 par les pouvoirs publics. Dans les années 1970, l'écrivain et journaliste américain Tom Wolfe a lancé l'expression de «décennie du moi-je». En France, pourtant, cette tendance se mani-

feste de façon moins agressive et sans doute moins expérimentale qu'ailleurs. Elle s'oriente plus vers la redécouverte des qualités de la vie traditionnelle, oubliées dans la quête effrénée des éléments du modernisme de l'après-guerre.

Le visage de la France dans l'après-guerre est donc celui d'un pays ancré dans son passé et confronté à un monde nouveau. Un quart de siècle marqué par un phénomène de croissance sans précédent a engendré des modes de vie radicalement nouveaux — d'un radicalisme peut-être excessif, lequel, joint à la récession économique liée aux contrecoups des divers chocs pétroliers, a incité la nation à rechercher des solutions différentes. Paradoxalement, nombre de Français ont découvert qu'il n'est de meilleure ouverture sur l'avenir qu'un regard sur le passé, dans la mesure où ils sauront prendre avec lucidité dans celui-ci les éléments susceptibles de favoriser l'édification de celui-là.

Dans un village du Berry, un panneau invite les passants à venir admirer les œuvres d'artistes locaux. Le renouveau culturel constaté en province dans l'après-guerre se manifeste tant par de modestes expositions d'artisanat que par des événements de grande envergure comme le festival d'Avignon.

REMERCIEMENTS

L'index de cet ouvrage a été préparé par Vicki Robinson. Pour leur contribution à la préparation de cet ouvrage, les rédacteurs tiennent à remercier : Jeanne Beausoleil, conservatrice, Collection Albert Kahn, Boulogne ; Markie Benet, Londres ; Suzanne Bicknell, Londres ; Mike Brown, Londres ; Marie Brunetto, Collobrières ; Flavie Chaillet, attachée de presse, Hermès, Paris ; Jeannette Chalufour, archives Tallandier, Paris ; Windsor Chorlton, Londres ; Louise Earwaker, Londres ; Michel Fleury, Paris ; l'Ambassade de France à Londres ; le personnel de l'Institut français de Londres ; l'Office de tourisme français de Londres ; Jeanne et Robert Halley, Caen. Liz Hodgson, Londres ; Josiane Husson, Fédération française du prêt-à-porter féminin, Paris ; Charles Jules-Rosette, officier de Paix principal, Paris ; Sybille de Laforcade, attachée de presse, Chanel, Paris ; Roy et Jenny Malkin, Andelot-en-Montagne, France ; Claude Moinet, Grenoble ; Christopher McIntosh, Londres ; Claude Pianet, attachée de presse, Cartier, Paris ; Baron Jacques de Sacy, Paris ; Michèle Tapponier, attachée de presse, Fauchon, Paris ; Deborah Thompson, Londres ; Josseline Thille, Paris ; Pascal de la Vaissière, conservateur, Musée Carnavalet, Paris.

SOURCES DES ILLUSTRATIONS

Les sources des illustrations sont séparées, de gauche à droite, par des points-virgules ; de bas en haut, par des tirets.

Couverture : Fred Mayer, Magnum, Paris. Page de garde de début : Roger Stewart, Londres. Page de garde de fin : Image digitalisée par Creative Data, Londres.
1, 2 : © Flag Research Center, Winchester, Massachusetts. 6, 7 : Graham Harrison, The Daily Telegraph Colour Library, Londres ; image digitalisée par Creative Data, Londres. 8, 9 : Pierre Boulat, Cosmos, Paris ; image digitalisée par Creative Data, Londres. 10, 11 : Denis Hughes-Gilbey, Broad Oak, Angleterre. 12, 13 : Timm Rautert, Essen. 14, 15 : Colin Maher, Londres, image digitalisée par Creative Data, Londres. 16, 17 : Hubert le Campion, agence A.N.A., Paris. 18, 19 : Bernard Gérard, Paris. 20 : Jean Mounicq, agence A.N.A., Paris. 21 : Brian Harris, Colorific!, Londres. 23 : image digitalisée par Creative Data, Londres. 24 : Brian Harris, Colorific!, Londres. 25 : Pierre Toutain, Cosmos, Paris. 26 : Hubert le Campion, agence A.N.A., Paris. 28-29 : Denis Hughes-Gilbey, Broad Oak, Angleterre. 30 : Michelangelo Durazzo, agence A.N.A., Paris. 32 : Hans Wiesenhofer, Pöllau, Autriche. 33 : David Simson, Bisley, Angleterre. 34 : Bruno Barbey, Magnum, Paris.

35 : Bernard Gérard, Alan Hutchison Library, Londres. 36 : John Bulmer, Susan Griggs Agency, Londres. 37 : Bernard Régent, Alan Hutchison Library, Londres. 38 : David Simson, Bisley, Angleterre. 39 : Jean Gaumy, Magnum, Paris. 40 : Bruno Barbey, Magnum, Paris. 41 : N.A. Callow, Robert Harding Picture Library, Londres. 42 : autorisation du Musée archéologique d'Orléans, Photo Bulloz, Paris. 44 : Ann Münchow, Aix-la-Chapelle, R.F.A. 45 : autorisation du Musée du Louvre, Paris, Photo Bulloz, Paris. 46 : Laura Lushington et Sonia Halliday, Weston Turville, Angleterre. 47 : Michael Freeman, Londres — Laura Lushington et Sonia Halliday, Weston Turville, Angleterre (3). 48 : autorisation de la Bibliothèque du protestantisme, Paris. 49 : peinture de P.D. Martin, 1722, cliché des Musées Nationaux, Paris. 50 : autorisation de Connaissance des Arts, Galerie Marigny, Paris, Édimedia, Paris — autorisation du Musée Carnavalet, Paris, Lauros-Giraudon, Paris ; autorisation du Musée Carnavalet, Paris, Photo Bulloz, Paris. 51 : autorisation du Musée Carnavalet, Paris, Photo Bulloz, Paris ; Mary Evans Picture Library, Londres — autorisation du Musée Carnavalet, Paris, Photo Bulloz, Paris ; Archives Tallandier, Paris. 52 : National Gallery of Art, Washington, Samuel H. Kress Collection 1961. 54 : Jean Vertut, Issy-les-Moulineaux, France — Adam Woolfitt, Susan Griggs Agency, Londres — autorisation du Musée de la tapisserie de Bayeux, photo Michael Holford, Londres. 55 : autorisation du Musée Carnavalet, Paris, Lauros-Giraudon, Paris ; *Madame de Pompadour* par Boucher, autorisation des National Galleries of Scotland, Edimbourg, E.T. Archive, Londres. 56 : Royal Aeronautical Society, Londres — autorisation de la Bibliothèque nationale, Paris, Photo Bulloz, Paris ; Mary Evans Picture Library, Londres. 57 : © Lords Gallery, Londres ; E.T. Archive, Londres ; autorisation de Christian Dior, Paris. 58, 60 : BBC Hulton Picture Library, Londres. 61 : autorisation du Musée Carnavalet, Paris, Photo Bulloz, Paris. 61 : autorisation du Musée Carnavalet, Paris, Photo Bulloz, Paris. 62 : BBC Hulton Picture Library, Londres. 63 : Archives Tallandier, Paris. 64-71 : Collection Albert Kahn, département des Hauts-de-Seine, Boulogne-Billancourt. 72 : Jean-Claude Francalon, Gamma, Paris. 74 : Andrew Turney, Picturepoint, Londres. 75 : image digitalisée par Creative Data, Londres. 76 : Bernard Gérard, Paris. 77 : Keystone, Paris. 79 : Jean-Pierre Rey, Gamma, Paris. 80 : Keystone Press Agency Ltd., Londres. 81 : François Caron, Frank Spooner Pictures, Londres — Keystone Press Agency, Londres. 83 : Gamma, Paris. 85 : Michel Kempf, Fotogram, Paris. 86 : Michel Lambert, Gamma, Paris. 87, 88 : Bruno Barbey, Magnum, Paris. 90 : Michael Freeman, Londres. 91 : Chris Kapolka, Londres. 92 : Pierre Boulat, Cosmos, Paris. 94 : Jean-Guy Jules, agence A.N.A., Paris. 95 : Julian Calder, Londres. 97 : Bruno Barbey, Magnum, Paris. 98 : Hubert le Campion, agence A.N.A., Paris. 99 : Hélène Bamberger, Gamma, Paris. 100 : Michael Melford, Wheeler Pictures/Colorific!, Londres — Pierre Toutain, Cosmos, Paris ; Jean-Noël de Soye, agence A.N.A., Paris. 102-107 : Kevin Kling, agence A.N.A., Paris. 108 : Michael Boys, Susan Griggs Agency, Londres. 110 : Chito, agence A.N.A., Paris. 111 : Jean-Guy Jules, agence A.N.A., Paris. 112 : Michelangelo Durazzo, agence A.N.A., Paris. 113 : Richard Kalvar, Magnum, Paris — Patrick Ward, Londres. 114 : Bernard Gérard, Paris. 115 : Ann Conway, Paris. 116 : Denis Hughes-Gilbey, Colour Library International, Londres. 117 : Mick Rock, Alan Hutchison Library, Londres. 119, 120 : Pierre Boulat, Cosmos, Paris. 120 : Bernard Gérard, Alan Hutchison Library, Londres — Horst Munzig, Susan Griggs Agency, Londres (2). 121 : Jean-Guy Jules, agence A.N.A., Paris. 122 : Hubert le Campion, agence A.N.A., Paris ; Michelangelo Durazzo, agence A.N.A., Paris — Hubert le Campion, agence A.N.A., Paris — Michelangelo Durazzo, agence A.N.A., Paris. 125 : Hans Wiesenhofer, Pöllau, Autriche. 126 : Jean Mounicq, agence A.N.A., Paris. 128-131 : Denis Hughes-Gilbey, Broad Oak, Angleterre. 132 : Bernard Régent, Alan Hutchison Library, Londres. 134, 135 : Hans Wiesenhofer, Pöllau, Autriche. 137, 138 : Michael Freeman, Londres. 140 : John G. Ross, Susan Griggs Agency, Londres. 144 : © Popperfoto, Londres. 145 : François Apesteguy, Gamma, Paris. 147 : Sempé « Rien n'est simple ! » Éditions Denoël, Paris. 148 : Bryan Alexander, Arundel, Angleterre. 149 : Mike Busselle, Fotobank International Colour Library, Londres. 151 : Michael Freeman, Londres. 152 : Alex Orloff, Paris. 153 : Michael Freeman, Londres. 154 : Kevin Kling, agence A.N.A., Paris. 155 : Gert von Bassewitz, Hambourg.

BIBLIOGRAPHIE

LIVRES:

Ardagh, John:
France in the 1980s. Penguin Books, Middlesex, 1982.
The New French Revolution. Secker and Warburg, Londres, 1968.
Rural France. Century Books, Londres, 1983.
Beaujeu-Garnier, Jacqueline:
Le Relief de la France. CDU SEDES, Paris, 1972.
La France des villes. 3 vol. Documentation française, Paris, 1978-1980.
Bullough, Donald, *The Age of Charlemagne*. Elek Books, Londres, 1973.
Bury, J.P.T., *France 1814-1940*. Methuen & Co. Ltd., édition révisée, 1969.
Caron, François, *Histoire économique de la France, XIXᵉ-XXᵉ siècles*. Armand Colin, Paris, 1981.
Charlton, F.G., réd., *France. A Companion to French Studies*, Methuen & Co. Ltd., Londres, 1979.
Chastel, André, *Paris*. Albin Michel, Paris, 1971.
Chelminsky, Rudolph, et les rédacteurs des Éditions Time-Life, *Paris*. Ed. Time-Life, coll. « Les Grandes Cités », Amsterdam, 1977.
Cobban, Alfred, *A History of Modern France*. Penguin Books, Middlesex, 1965.
Debray, Régis, *Le Pouvoir intellectuel en France*. Ramsey, Paris, 1979.
Duby, Georges, et Mandron, Robert, *Histoire de la civilisation française*. 2 vol., Armand Colin, Paris, 1979.
Dupeux, Georges, *La Société française 1789-1970*. Armand Colin, Paris, 1976.
Feifer, Maxine, *Everyman's France*. J.M. Dent and Sons. Ltd., Londres 1982.
Frears, J.R., *France in the Giscard Presidency*. George Allen and Unwin, Londres, 1981.
Freiberg, J.W., *The French Press, Class, State and Ideology*. Praeger Publishers, New York, 1981.
Frémy, Dominique et Michèle, *Quid*. Robert Laffont, Paris, 1983.
Gramont, Sanche de, *Les Français, portrait d'un peuple*. Stock, Paris, 1970.
Grunfeld, Frederic V., *Les Rois de France*. Ed. Time-Life, Amsterdam, 1983.
Hanley, D.L. Kerr, A.P. et Waites, N.H., *Contemporary France, Politics and Society Since 1945*. Routledge and Kegan Paul Ltd., Londres, 1979.
Hibbert, Christopher, *The French Revolution*. Allen Lane, Londres, 1980.
Institut national de la statistique et des études économiques, *Tableaux de l'économie française 1982*. *Annuaire statistique de la France 1981*.
Jackson, J. Hampden, réd., *A Short History of France from Early Times to 1958*. University Press, Cambridge, 1959.
Jennett, Sean, *Paris*. B.T. Batsford Ltd., Londres, 1973.
Johnson, Douglas, *France*. Thames and Hudson, Londres, 1969.

Johnson, R.W., *The Long March of the French Left*. MacMillan, Londres, 1981.
Law, Joy, *Fleur de Lys, the Kings and Queens of France*. Hamish Hamilton, Londres, 1976.
Marnham, Patrick, *Lourdes*. William Heinemann Ltd., Londres, 1980.
Maurois, André, *Soixante ans de ma vie littéraire*. Editions Fanlac, Périgueux.
Michaud, Guy et Torres, Georges, *Le Nouveau Guide France*. Hachette, Paris, 1982.
Michelin: série des guides verts, Michelin, Paris.
Mitford, Nancy, *Le Roi Soleil*. Gallimard, Paris, 1968.
Moody, Joseph N., *French Education since Napoleon*. Syracuse University Press, Syracuse, New York, 1978.
Nourissier, François, *Une Histoire française*. Grasset, Paris, 1966.
Ouston, Philip, *France in the Twentieth Century*. Macmillan, Londres, 1972.
Peyrefitte, Alain, *Le Mal français*. Plon, Paris, 1976.
Pickles, Dorothy, *The Fifth French Republic*. Methuen and Co. Ltd., Londres, 1965.
Rossiter, Stuart (rédacteur) *Paris*. Blue Guides, Benn, Londres, 1968.
Serant, Paul, *La France des minorités*. Robert Laffont, Paris, 1965.
Servan-Schreiber, Jean-Jacques, *Le Défi américain*. Denoël, Paris, 1967.
Seward, Desmond. *The Bourbon Kings of France*. Constable, Londres, 1976.
Thomson, David, *La Démocratie en France*. Renaissance du Livre, Bruxelles, 1955.
Vaughan, Michalina, Kolinsky, Martin, et Sheriff, Peta, *Social Change in France* Martin Robertson & Co. Ltd., Oxford, 1980.
Wallace-Hadrill, J.M., et McManners, John, *France: Government and Society*. Methuen and Co. Ltd., Londres, 1970.
Werth, Alexander, *De Gaulle*. Penguin Books, Middlesex, Angleterre, 1965.
Willan, Anne, *French Regional Cooking*. Hutchinson, Londres, 1981.
Wylie, Laurence, *Un Village du Vaucluse*. Gallimard, Paris, 1979.
Zeldin, Théodore, *Histoire des passions françaises, 1848-1945*. 5 vol. Ed. Recherches, Paris, 1978-1979.

REVUES:

Ball, Robert, « France's Risky Protectionist Fling », *Fortune International*, mars 1983.
Financial Times Surveys:
« France », 7 juillet 1982.
« France: Banking, Finance and Investment », 12 novembre 1982.
Frears, J.R., « The Decentralisation Reforms in France », *Parliamentary Affairs*, hiver 1983.
Kuhn, Raymond, « Broadcasting and Politics in France », *Parliamentary Affairs*, hiver 1983.
Walker, Martin, « Mitterrand trapped in the Mays of History », *The Guardian*, 12 mai 1983

INDEX

Photogravure réalisée par Scan Studios, Ltd., Dublin, Irlande.
Composition photographique par Photocompo Center, Bruxelles, Belgique.
Impression et reliure par Printer industria gráfica, S.A. Provenza, 388 Barcelone, Espagne.
Dépôt légal: septembre 1984.
D.L.B. 25029-1984